国家社会科学基金"十四五"规划教育学一般课题"高质量教育视域下科学本质理解转化的实证研究"（项目编号：BHA210121)

中国教育研究丛书

科学课程标准与教材研究
——国际视野与本土实践

黄 晓 邹 逸 编著

北京师范大学出版集团
BEIJING NORMAL UNIVERSITY PUBLISHING GROUP
北京师范大学出版社

图书在版编目(CIP)数据

科学课程标准与教材研究：国际视野与本土实践/黄晓，
邹逸编著. —北京：北京师范大学出版社，2024.2
（中国教育研究丛书）
ISBN 978-7-303-29651-4

Ⅰ．①科… Ⅱ．①黄… ②邹… Ⅲ．①科学知识－课程
标准－研究－初中 ②科学知识－教材－研究－初中
Ⅳ．①G633.73

中国国家版本馆 CIP 数据核字(2024)第 000524 号

图 书 意 见 反 馈　　gaozhifk@bnupg.com　010-58805079
营 销 中 心 电 话　　010-58802755　58800035
北师大出版社教师教育分社微信公众号　　京师教师教育

KEXUEKECHENGBIAOZHUNYUJIAOCAIYANJIU
出版发行：北京师范大学出版社 www.bnup.com
　　　　　北京市西城区新街口外大街 12-3 号
　　　　　邮政编码：100088
印　　刷：保定市中画美凯印刷有限公司
经　　销：全国新华书店
开　　本：730 mm×980 mm　1/16
印　　张：11.5
字　　数：172 千字
版　　次：2024 年 2 月第 1 版
印　　次：2024 年 2 月第 1 次印刷
定　　价：48.00 元

策划编辑：陈红艳　鲍红玉　　责任编辑：陈红艳
美术编辑：陈　涛　焦　丽　　装帧设计：陈　涛　焦　丽
责任校对：包冀萌　　　　　　责任印制：马　洁　赵　龙

目　录

绪　论

对于一名科学教师而言，要胜任科学课堂教学，首先要认识科学教育的价值，具有良好的专业情感和师德规范，在此基础上，形成良好的科学教学素养，包括明确和掌握为什么教(科学教学目标)、教什么(科学教学内容)、怎么样教(科学教学方法与策略)、教得怎么样(科学教学评价)等根本性问题及其实现路径。"科学课程标准与教材研究"旨在从理论与实践两个层面帮助科学教师重点回应上述根本性问题。

第一节　科学课程标准与教材的基本含义

一、科学课程标准的含义

(一)课程的含义

"课程"是一个使用广泛但内涵极其复杂的教育学概念，目前尚无统一的、公认的定义。按照一般的理解：课，指课业，即教学科目(学科)；程，则指进程，即教学进程。因此，课程可以理解为课业及其进程，既包括教学科目，也包括这些科目的教学进程。

在国外，关于"课程"比较经典的含义可以追溯到英国教育学家斯宾塞的定义，他在论文《什么知识最有价值》中指出"教育内容的系统组织"就是课程(curriculum)。显然，"教育内容的系统组织"既可以指向由此而形成的教学科目，也可以指向由此而展开的教学进程。当然，不同的学者从各自不同的理解视角出发，对"课程"的界定也会有所不同。我国课程论专家王策三认为，课程包含了多种含义：教学的内容(学科、活动)，安排，进程，时限，也包括大纲和教材。[①] 而课程论专家施良方认为"课程"具有多元性，至少需从以下 6 个角度来理解它的基本含义：(1)课程即教学科目；(2)课程即有计划的教学活动；(3)课程即预期的学习结果；(4)课程即学习经验；(5)课程即社会文化的再生产；(6)课程即社会改造。[②] 钟启泉则认为，课程是作为实现学校教育的课题与目标的手段而存在的，反映了学校教育有目的的计划及其展开过程。他综合国内外课程定义总结：如果从课程的意义理解，课程就是旨在遵照教育目的指导学生的学习活动，由学校有计划、有组织地编制教育内容；如果从课程的复杂性分析，课程存在许多层次，课程至少涵盖国家、学校、教师三级，还应涉及课程政策、课程目标、学习科目、学习领域、教材等。[③] 我国港、澳、台地区的学者对课程概念的含义也进行了相关界定，如台湾的黄正杰、香港的李子建与黄显华，从学科、经验、目标和计划等维度对课程进行了阐释。[④]

综上所述，我们可以从教育者角度理解课程，可以从学习者角度理解课程，也可以从管理者角度理解课程。同时，我们需要关注课程所涵盖的内容，也需要关注课程所涉及的过程。课程含义的多样性正充分说明了课程概念的复杂性，鉴于此，本书认为应从以下几个维度来全面认识和理解课程的定义。

首先，就课程的形式构成而言，在学校教育中设立的各种教学科目统称为课程。课程既可以泛指理科、文科等范畴性教育科目，也可以指语文、数学、科学等某一具体教学科目。

其次，就课程的资源构成而言，与实施教育教学相关的材料就是课程，如教学计划、课程标准、教材、教学参考书等。

再次，就课程的功能构成而言，学习者在学校中经历的各种教育教学活动，由此所形成的各种体悟经验，就是课程。

最后，就课程的进程构成而言，与教学实施相关的教学目标、教学内容、教学方法、教学评价等，就是课程。

---

① 王策三. 教学论稿[M]. 北京：人民教育出版社，1985.
② 施良方. 课程理论——课程的基础、原理与问题[M]. 北京：教育科学出版社，1996.
③ 钟启泉. 现代课程论[M]. 上海：上海教育出版社，2003.
④ 林长春，黄晓. 小学科学课程标准与教材研究[M]. 北京：高等教育出版社，2020.

（二）科学课程的含义

对于科学课程而言，有广义和狭义两种理解。广义的观点认为，凡是学校教育中设立的以自然科学为内容基础的教学科目都可统称为"科学课程"，如物理、化学、生物等分科科学课程。而狭义的"科学课程"专指在学校教育中所设置的"综合科学课程"。所谓"综合"，即是指该类科学课程是由涉及多个自然科学的内容而按照一定的逻辑结构整合形成的。如现今浙江省初中阶段的《科学》课程，是一门融合了物质科学、生命科学、地球与宇宙科学等多个自然科学内容的综合课程。

本书中的科学课程是狭义层面的，其强调自然世界的内在统一性，力图以"整合"的课程设置方式将自然世界呈现为一个普遍联系的有机整体。相较而言，分科科学课程则强调自然世界所存在的差异性，从而按照特定的学科逻辑将其分门别类，划分成物理、化学、生物等单一学科的课程设置方式。[①]

（三）科学课程标准的含义

所谓"课程标准"（curriculum standard），一般指国家颁布的关于学校课程建设与实施的纲领性指导文件，其在一定的历史时期也曾被称为"教学章程""教学大纲"。在我国，近现代意义的学校"课程标准"可以追溯到1912年南京临时政府颁布的《普通教育暂行课程标准》。新中国成立后，为了适应当时社会建设的需要，于1952年颁布了新的"教学大纲"（teaching program），以此取代原先的"课程标准"。2000年，我国在新一轮的基础教育改革中，取消了各学科的教学大纲，成立了各学科课程标准研制组。2001年，教育部在研制组的工作基础上，颁布了《全日制义务教育科学（3～6年级）课程标准（实验稿）》。此后，基础教育阶段的综合科学课程的纲领性指导文件几经修订，但均以"课程标准"命名。

当然，除了名称上的差异，课程标准与教学大纲也存在一些实质的区别。教学大纲是我国在特定历史时期学习苏联教育模式的一种表现，在实际使用过程中，暴露出了规定太细太死、弹性不够、变化余地较小等问题。而课程标准以把握大方向为原则，旨在为各学校课程建设与实

---

① 潘苏东. 从分科走向综合——初中阶段科学课程设置问题的研究［M］. 北京：中国轻工业出版社，2004.

施提供一个既有框架，又留有充分创造性空间的参照。因此，课程标准与教学大纲的实质内涵还是存在明显差异的，它更符合现代社会生活的多元包容、复杂变化的时代特征。

除了课程标准，国家层面通常还会颁布立足更大范围、具有更宏观统揽全局性质的总体性教育标准，常称为"国家教育标准"，如美国的《国家科学教育标准》、英国的《国家科学课程》、荷兰的《国家科学教育标准》。我国教育部颁布的《基础教育课程改革纲要（试行）》，也具有这样的性质。这些具有统领教育全局功能的国家教育标准，起着为各学科课程标准的制定、修订勾画蓝图与提供指南的作用。

本书中的科学课程标准是指国家颁布的关于基础教育阶段综合科学课程建设与实施的纲领性指导文件。它体现了国家对学习该课程的学生在科学素养发展方面的基本规定与要求，并给出了为实现相应规定与要求而开展的教学进程所涉及事项的参照性指引。

二、科学教材的含义

关于教材（teaching material）的含义，学界同样并未形成统一的认识。《中国大百科全书·教育》对教材的定义是：根据一定学科的任务选编和组织的具有一定范围和深度的知识技能体系，一般以教科书的形式体现，也泛指教师指导学生学习的一切教学材料，包括教科书、讲义、教辅参考书等。[1] 钟启泉认为，教材是指教师在教授行为中所利用的一切素材和手段，包括标准的教科书，也包括形形色色的图书教材、视听教材、电子教材等，其中教科书是最具有代表性的核心教材。[2] 廖哲勋指出，教材是由涉及一定育人目标、学习内容和学习活动方式而分门别类组成的可供学生阅读、视听和借以操作的材料。[3] 范印哲则认为，教材是根据一定的教学任务而选择组织的具有一定深度和广度的教学体系。[4]

从上述关于教材的典型界定中可以看出，教材的定义也可以分为广

---

① 中国大百科全书出版社编辑部. 中国大百科全书·教育[M]. 北京：中国大百科全书出版社，1985.

② 钟启泉，等. 为了中华民族的复兴 为了每位学生的发展：《基础教育课程改革纲要（试行）》解读[M]. 上海：华东师范大学出版社，2001.

③ 廖哲勋. 课程学[M]. 武汉：华中师范大学出版社，1991.

④ 范印哲. 教材设计导论[M]. 北京：高等教育出版社，2003.

义和狭义两类。广义的教材泛指在课程实施过程中教师和学生使用的所有教学材料，包括教科书、教学参考书、学生学习手册、复印资料、报纸杂志、网络资源等。广义的教材不一定是指装订成册或正式出版的书本，既可以是纸质的，也可以是电子的；既可以是文字、图片，也可以是音频、视频。总之，凡是有助于学生学习与发展的材料均可以称为教材。狭义的教材则专指教科书。《中国大百科全书·教育》对教科书的定义是：教科书是根据教学大纲（或课程标准）编订的、系统地反映学科内容的教学用书。[①] 教科书通常语言准确、图表规范，并根据一定的逻辑顺序系统、清晰地呈现学科教学内容，体现课程标准和课程目标。教科书一般由学科教学相关的专业工作者组织编写，通常包括目录、正文、习题、实验、图表、注释、附录等若干部分。这些部分恰当地组织在一起，形成了教科书科学合理、明确规范的体系结构，为师生之间的教学提供蓝本。

从严格意义上来说，"教科书"不等于"教材"，教材概念比教科书概念所涵盖的范畴更大，教科书只是教材的一种形式，但是是某一教学科目最为重要和核心的一种教材。与之相应，科学教材的含义也有上述广义和狭义之分。本书采用的是狭义的教材概念，即科学教材就是指科学教科书。另外，教科书在日常用语中也常被称为"课本"，因而，若没有特别说明，本书中的"科学教材""科学教科书""科学课本"的内涵是一致的，只是表述方式的不同而已。

第二节 科学课程标准与教材研究的价值意义

"科学课程标准与教材研究"，对于科学教师或者科学教育专业的师范生而言，有着哪些价值意义？这是本研究首先需要回答的问题。对这一问题的认识是否深刻，直接关系到本研究所开展的现实效果。随着我国中小学科学教育改革的不断深入，尤其是新近《义务教育科学课程标准（2022 年版）》的颁布，科学课程与教学的改革和实践对科学教师的专业素

---

① 中国大百科全书出版社编辑部. 中国大百科全书·教育[M]. 北京：中国大百科全书出版社，1985.

养提出了全新的要求。这意味着科学教师不仅要掌握自然科学的基本理论和实验的基本技能，具备整合的自然科学知识，还要准确理解和把握科学课程标准和教材内容，掌握科学教学的基本原理和方法，具备出色的科学教学设计与实践能力。只有这样，科学教师才能适应我国新时代科学课程改革发展的需要，成为高水平的科学教师。换言之，"科学课程标准与教材研究"是科学教师的"必修课"。

一、有助于科学教师理解科学教学体系

从系统论的角度看，科学教学是一个关涉面甚广的庞杂系统，由学生、教师、教学目标、教学内容、教学方法等要素组成。其中，学生是主体，教师是主导，教学目标是指向，教学内容是载体，教学方法是手段。要实现科学教学系统的各个要素有机统整，形成良好的结构，发挥整合的最优化功能，科学教师是最为关键的组织落实者。而科学课程标准与教材正是科学教师组织落实高质量科学教学的根本遵循。科学课程标准是科学教材编写的依据，科学教材是科学课程标准的具体化。因而，科学教师只有准确理解科学课程标准的理念精神，熟悉和把握科学教材的内容实质，才能在分析学生实际的基础上，确定合理的教学目标，选择适当的教学方法，从而优化科学教学设计与实践，高质量提升学生的科学素养。因此，科学课程标准与教材研究有助于科学教师更好地理解科学教学体系。

二、有助于科学教师提高教学素养

所谓"研究"，必然是"问题"导向的，即研究是为了解决问题。相应的，科学课程标准与教材研究必然关注科学教师在科学教学中的问题解决能力，这意味着研究必然坚持实践性价值取向，以期助力科学教师教学素养的切实提升。我国基础教育阶段的科学课程改革，尤其是《义务教育科学课程标准(2022年版)》的颁布和相应中小学科学教材修订工作的全面启动，对科学教师的专业素养，特别是教学素养提出了前所未有的挑战。科学教师要在掌握学生身心发展规律、一般教育学原理和方法的基础上，深入理解科学课程标准的编制意图，掌握科学教材分析的原理和方法，学会科学教学的组织策略，最终设计与实施优质的科学教学实践。这些都是科学教师教学素养的集中体现，都离不开对科学课程标准和教

材的研究与理解。

三、有助于科学教师增强专业情感

我国科学教师的专业发展目标是：具有良好的思想道德品质、扎实的自然科学知识和较强的科学教育能力，能在中小学胜任"科学"或者"综合实践活动"课程教学与研究工作的复合型人才。[①] 对科学教师而言，提高对科学教育目标的理解，拓展对科学课程与教学体系的认识，提升科学教学设计与实施能力，是需要通过不断的研究与摸索而逐渐实现的。对科学课程标准与教材的研究是科学教师在理论和实践上对科学教育体系的理念、目标、内容、方法、评价等的全面涉入与摸索，这必然能使科学教师更加浸润式地体验与增强自己的专业情感，更加深刻地理解与认同自己的专业身份，更加清晰地明确与把握自己的专业责任，更加积极地规划与坚持自己的努力方向，从而更加坚定地投身于科学教育事业的发展。

第三节　科学课程标准与教材研究的基本思路

在认识了科学课程标准与教材的基本含义，以及科学课程标准与教材研究的价值意义的基础上，本节主要探讨的是科学课程标准与教材研究的基本思路，以此确立后续研究具体展开的视角、框架、内容、方法等脉络。

一、关注历史文化

任何问题、现象都无从置身于真空，而是浸润于其所处的情境之中。科学课程与教学体系，乃至整个学校教育体系同样与其所处的历史文化情境密不可分。正如杜威所言，"社会通过学校机构，把自己成就的一切交给它未来的成员去安排。"[②]学校教育本身就处于社会之中，社会的政治、经济、文化等因素都无孔不入地影响着学校教育的目的、内容与方式。与之相应，学校科学课程与教学体系表面上看虽是一个相对独立的

---

① 中华人民共和国教育部高等教育司. 普通高等学校本科专业目录和专业介绍（2012 年）[M]. 北京：高等教育出版社，2012.

② [美]约翰·杜威. 学校与社会·明日之学校[M]. 赵祥麟，等译. 北京：人民教育出版社，2004：25.

系统，但实则无不受到历史文化情境的制约，它是社会发展的时代需求，特别是科技事业发展需求、科技人才需求，以及社会生活之于公民的科技素养需求在科学教育框架下的具体化。因此，对科学课程标准与教材展开理论与实践的系统研究，就必然需要关注其所处的时代情境，深度透视其与历史文化之间的互动。

二、立足国际视野

回顾历史，我国古代有着光辉璀璨的科学传统。造纸术、指南针、火药、印刷术等，我国古代的科学成就数不胜数。但就思维逻辑、原则方法而言，近现代科学通常被认为发端于西方。与之相应，近现代意义的学校科学教育体系、科学课程与教学体系一般也被认为最早在西方产生，在鸦片战争爆发之后，随洋务运动而逐步被引入我国。这是我国学校科学课程与教学体系产生及发展的历史背景。统观科学教育发展的历史进程，我国聪颖的先驱前辈立足国际视野来建设发展本土科学教育事业也取得了许多重大的进展。与此同时，在信息化、经济全球化高度发展的今天，在我国深入推进科技创新的当下，学校科学教育事业的进一步高质量发展必然需要坚持一种更为开阔的国际视野，吸收与借鉴国际上已经取得的成功做法，反思与避免国际上曾出现的问题困境。据此，本书将坚定地立足国际视野，全面系统地考察与审视其他国家和地区的科学课程标准与教材，希冀从中获取有益经验。

三、聚焦本土分析

尽管近现代意义的学校科学课程与教学体系缘起于洋务运动时期的西学东渐过程，但在此后的演进发展中，其早已深深被注入了中国特色社会主义文化和教育底色，开创出中国特色的科学课程与教学体系。我国科学教育学者蔡铁权教授的著作《渐摄与融构——中西文化交流中的中国近现代科学教育之滥觞与演进》标题中的"渐""摄""融""构"四个字，精准地概括出我国学校科学课程与教学体系的变迁过程。[①]"渐"，进入、接触之谓也。可以说，我国科学课程与教学体系建设在一开始就是"渐"的过程，就是全面接触、感知与引进西方体系的过程。"摄"，吸收、摄取

---

① 蔡铁权，陈丽华. 渐摄与融构——中西文化交流中的中国近现代科学教育之滥觞与演进[M]. 杭州：浙江大学出版社，2010.

也。在完成引进之后，"摄"的过程开始占据主导，我国学校科学课程与教学体系开始吸收与借鉴西方体系的模式与特点。"融"，融通、融合也。在接触、摄入西方体系的过程中，我国学校科学课程与教学体系建设也不乏与自身倾向、特点相适应的融合性思维及行动。"构"，建构、重构也。接触、摄入、融合，其最终目的是为了实现超越，即建构一套本土特色的学校科学课程与教学体系。因此，在关注历史文化以及立足国际视野的同时，本书更聚焦本土，深入分析我国自己所研制与颁布的科学课程标准与教材。

四、坚持实践导向

正如我们在上节中一直强调的，帮助科学教师理解和解决科学教学中的实际问题，有效提升科学教师的科学教学设计与实施能力，是科学课程标准与教材研究最为重要的价值意义所在。这不仅是对科学教师专业的实践性特征的回应，也充分说明了在实践中研究、在实践中学习对于科学教师专业发展的重要性。正如斯蒂格勒所言，"衡量一个人是否专业并非借助于证书或者外界的评判，而是要看他是否有真正改善自身实践的愿望，以及在这种愿望驱使下，在每天的工作中赋予相应的专业知识一种真实意义。"①因此，本书将始终坚持实践导向，始终以如何更好地帮助科学教师进行科学教学设计与实施、高质量落实提升学生科学素养的根本任务为宗旨来对科学课程标准与教材展开深入而系统的研究。

基于上述理念与思路，本书具体展开与呈现的框架如下：

绪论部分首先对科学课程标准以及科学教材的基本含义进行探讨，以深入理解研究对象的本质。其次，从科学教师以及科学教育专业师范生的角度，对科学课程标准与教材研究的价值意义进行分析，以充分认识该研究的重要性。最后，对科学课程标准与教材研究的基本思路做了简要介绍，以明确研究展开与呈现的结构与框架。

第一章为"科学课程改革与发展的历史脉络"，分别对国际科学课程的改革历程以及我国科学课程的改革与发展进行了系统的历史考察。科

---

① Stigler J.，Hiebert J.．*The Teaching Gap：Why Our School are Failing and What We Can Learn from Japanese and Chinese Education*［M］．New York：Simon & Schuster，1999：146．

学课程标准与教材是科学课程与教学体系的重要组成部分，了解整体性的科学课程改革与发展的历史脉络，有助于为科学课程标准与教材研究确立整体性的历史文化背景与学科专业背景。

第二章为"科学课程标准的国际审视"，分别对美国、英国、澳大利亚、加拿大、新加坡科学教育先进国家的科学课程标准进行了系统的考察与分析。科学课程标准的国际审视，可以全面把握世界范围内科学课程改革与发展的最新进展与趋势，有助于为深入解读我国的新版科学课程标准提供参照视角。

第三章为"我国科学课程标准评析"，主要从课程性质、课程理念、课程目标、课程内容、学业质量、课程实施等方面对我国新近颁布的《义务教育科学课程标准(2022年版)》进行了系统呈现与分析，以全面熟悉与掌握我国科学课程改革与发展的最新愿景与蓝图。同时，对我国香港、澳门、台湾地区的科学课程标准进行了系统梳理与解读，以全面呈现我国港、澳、台地区科学课程改革与发展的最新进展。

第四章为"科学教材的国际审视"，分别对美国、澳大利亚、新加坡国家科学教材进行了系统考察与剖析，以全面了解与掌握国际上科学教材建设的趋势与特色。

第五章为"我国科学教材的本土分析"，分别对我国现行的四版科学教材(浙江教育出版社版本、华东师范大学出版社版本、武汉出版社版本、上海教育出版社版本)的整体结构与栏目设置进行了系统呈现。

第六章为"我国科学教材的比较研究"，从难度与专题两个维度对我国现行的四版科学教材进行了比较分析，全面展现了我国科学教材一纲多本(同一课程标准，不同版本教材)、百花齐放的建设现状，也为新版科学课程标准视域下即将启动的科学教材修订提供了一定的思路启示。

第一章 科学课程改革与发展的历史脉络

学校科学(school science)自诞生之日起,就一直存在着"分科科学课程"(specialized science course)和"综合科学课程"(integrated science course)两种课程形态。鉴于本研究将以综合科学课程标准与教材作为研究对象,因此,有必要对综合科学课程的演变历程加以梳理,以深入奠定理解本研究中的科学课程标准与教材的学科历史背景。

第一节 国际科学课程的改革历程

一、试图整合的普通科学课程

启蒙运动之后,西方社会对理性的觉醒与渴望达到顶峰,而"分析思维"的确立与流行正是理性当道的一个重要标志。近现代意义的学校科学教育正是在此历史背景下开始产生的,因此,学校科学在一开始就自然而然地遵循着"分科"的课程设置理念。直到 20 世纪初,受杜威的科学观及科学教育思想的影响,学校场域出现了与传统分科科学课程相对的"普通科学课程"(general science course)。普通科学课程的主要理念为:科学教育应从学生的经验和兴趣出发,而不是从科学学科逻辑的要求和特点出发;科学教育应帮助学生理解生活世界中存在的科学原理,以及理解科学、技术与社会的相互影响;科学教育应使学生掌握改变人类生存及其物质条件的科学方法。① 以英国为例,20 世纪 30 年代,英国开始在分科科学课程并行的基础上,在中学开设普通科学课程。普通科学课程的内容来自各个学科,以

---

① 袁运开,蔡铁权. 科学课程与教学论[M]. 杭州:浙江教育出版社,2003.

小单元的形式拼凑而成。然而，实践过程中发现，这种近乎"拼盘"的方式只是在形式上接近综合科学课程，却难以实现物理、化学、生物等学科内容的统整。对此，有学者指出用主体活动代替小单元来组织课程内容，但又因教师的单一学科背景限制而不幸"夭折"。①

尽管普通科学课程的尝试以失败而告终，但是其试图整合物理、化学、生物等自然学科的思想意识为后续世界范围内综合科学课程的兴起提供了最原始的理念支持，其经验教训也为综合科学课程的发展提供了借鉴范本。

二、显著分科的第一次科学课程改革

20世纪50年代末，苏联人造卫星的升空惊醒了自认为是世界第一科技强国的美国的"迷梦"，美国就此开启了学校科学课程改革的序幕。美国国家科学基金会加大了对科学学科研究以及科学教育研究的资金支持，相继开发出容纳当时世界最先进的科学知识与科学技术的分科科学课程。与此同时，英国在纳菲尔德基金会的资助下，也开始了大规模的科学课程改革，陆续开发了全新的纳菲尔德物理、化学、生物等课程。

这一时期的科学教育渗透着鲜明的功利主义价值取向，目的是在短时间内培养大批精英型的科技人才。以当时美国的生物课程为例，该课程强调现代生物实验，将教材分为基础、中级以及特殊三种不同难度水平。其中，基础课程由生物概念史、生物习性、生物进化等9个主题组成，面向10年级学生开设；中级课程设置的主题情况与基础课程相似，但更加注重学生对科学调查方法的掌握（如其中的"作为探究的科学"主题安排了40多个科学调查），旨在让学生获得系统的科学研究训练。中级课程面向的是已经学习过基础课程且有进一步强烈意愿探索科学的12年级学生；特殊课程是面向9～10年级那些无法有效理解和掌握基础课程的困难学生的，其内容非常简单，通常以阅读材料的形式呈现。②

尽管分难度水平设计课程体系看似可满足不同认知水平学生的学习需求，但事实上，基础课程的难度已足够让大部分学生望而却步，加之

---

① Lucas，A. M.，Chisman D. G.．A Review of British Science Curriculum Projects，Implications for Curriculum[J]．*Science Education Information Reports*，1973(2)．

② George，T. O.．Hearn．*A Review of New Science Curriculum Materitals*[Z]．Wisconsin Department of Public Instruction，1967．

分科科学课程主要围绕脱离学生生活经验的学科知识体系展开，导致学生对科学课兴趣低下，选修率大幅下降。据统计，20世纪60年代末，美国只有31.25％的初中生选修化学，而选修物理的甚至低到了15％，同时选修多门自然学科的学生则几乎是凤毛麟角。① 英国实施的纳菲尔德分科科学课程也存在着同样的问题。学生往往只选学一门自然科学课程，从而导致了学科偏废、学科失衡或者学生对科学课程的偏见。② 可见，这一阶段的科学课程改革追求"繁、难、偏"的内容特点，力图将分科科学知识的体系化、结构化做到极致，从而导致学生适应困难。

三、形式统整的第二次科学课程改革

通过第一次科学课程改革，人们发现功利主义、分科主义的科学教育样态不仅难以培养高素质的科技人才，更造成了科学世界原本内含的伦理性质及人文关怀的缺失，从而大大加剧了人与自然的矛盾，使得环境破坏、生态失衡等科学危机频频出现。基于对第一次科学课程改革的反思，科学教育的目标追求转向了提升大众的科学素养。20世纪七八十年代，联合国教科文组织在对多国科学课程进行调研的基础上，提出了设置综合科学课程的概念，并组织了多次关于综合科学课程目标、实施评价以及科学教师培养的国际性研讨，从而迅速推动了综合科学课程在世界范围内的开展。美国于1971年开始在全国范围内实施的"概念中心小学科学课程"，以重要的科学概念或主题组织课程内容，面向6年级学生开设。该课程的主旨是将科学作为一种思维方式教给学生，帮助学生理解科学的本质，形成终身受益的科学理解力与鉴赏力。由此，科学不仅仅是对现象世界的精确描述，也不仅仅是对实验仪器的操作演练，而是一种由诸如等量替换、守恒原理等组成的概念、观念、思维体系。此外，美国科学促进会还开发了"科学—探究的过程"课程，以"提出问题—建立假设—制定方案—搜集资料—得出结论—交流评价"的科学探究过程和方法论来统整科学知识。该课程面向的是幼儿园至小学六年级学生，强调对学生科学研究方法、科学态度及科学思考能力的培养，从而帮助

---

① Dolmataz, M. S., Wong, H. K.. *Physical Science Teacher's Manual* [M]. Englewood Cliffs：Prentice-Hall，1976.

② School's Council Integrated Science Project. *Pattern-Teacher's Handbook* [M]. London：Longmans and Penguin Books，1973.

其成为能独立从事科学研究的"小小科学家"。该时期著名的综合科学课程还有"英国综合科学计划""非洲科学教育计划""美国工程概念课程计划""巴西初级科学技术"等。整体而言，这一时期的科学课程开始从显著的分科走向了围绕特定主题、统一概念或学科关联域统整设计的综合科学课程。很多国家在初中阶段甚至取消了物理、化学、生物等分科科学课程，只开设一门综合科学课程。

第二次科学课程改革体现了追求各自然学科相关性的鲜明特点，其重点是实现课程内容在形式逻辑上的相关统整。然而，这一时期的综合科学课程广泛存在着为了追求形式的综合而牺牲课程内容深度的问题，被纳入课程的科学知识往往比较浅显，比较适合认知水平一般的学生，无法满足智力发展水平较高的学生科学学习的需要，使得综合科学课程陷入了与分科科学课程截然相反的困境。

四、实质整合的第三次科学课程改革

随着科学教育界对综合科学课程认识的深入，课程形式上的综合逐渐不再是关注的焦点，建立在整个自然科学统一性基础上的综合科学课程成为人们探索的新目标。20 世纪 80 年代末 90 年代初，美国科学促进协会的"2061 计划"相继出台了《面向全体美国人的科学》和《科学素养的基准》等文件，标志着美国引领的第三次科学课程改革的全面开启。随后的1995 年，美国颁布了《美国国家科学教育标准》，将综合科学课程改革推向高潮。此时的综合科学课程主张将多种要素在科学本质与教育本质统一性的基础上达到内在综合；将科学知识、科学过程、科学文化统一于科学探究[①]；将科学课程与学生人格发展统整于认知建构主义和社会建构主义视野之中。例如，由全美科学教师联盟发起的面向 7～12 年级的"范围、顺序和协调"课程，从不同学段学生的认知特点与生活经验出发，以重视真实情境的创设以及学生科学学习过程的体验为原则对课程内容进行了螺旋式设计。其中，7～8 年级相对重视经验，9～10 年级重视实验，11～12 年级重视抽象概念及其与学生自身生活实际的联系。可见，这一时期的综合科学课程不仅注重学生个人的学习需求，而且强调从整体上

---

① 王秀红. 我国初中综合科学课程改革与发展的个案研究[D]. 长春：东北师范大学博士学位论文，2007.

进行课程内容的规划，做到了微观综合与宏观综合的双向建构。

第三次科学课程改革寻求的是整个自然科学世界的统一性，体现了科学观的根本转变、综合科学课程本质的认知以及整合方式的根本转变、课程主体与课程内容之间关系的根本重塑。总之，此次综合科学课程在综合形式、综合范围以及综合强度上都超越了过往任何一次科学课程改革。

由上述梳理不难发现，在科学课程改革的历史进程中，综合科学课程经历了从机械拼盘到形式统整，再到实质整合的演变过程。同时，综合科学课程的地位也经历了从边缘到个别重视，再到备受推崇的转变过程。时至今日，尽管在世界范围内，分科科学课程依然广泛地存在着，综合科学课程也因不同国情、不同地域文化而呈现出不同的发展趋向。但是，综合科学课程始终是朝着整合自然科学知识、方法、思维以及培养学生整体性的科学本质观、健全的科学素养的方向而发展的。这不仅顺应了科学发展的真实图景，同时也是国际科学课程发展不可阻挡的潮流趋势。

第二节　我国科学课程的改革与发展

一、我国科学课程的早期发展

我国的学科科学起步相对较晚，清末由于洋务运动的推行创办了一系列新式学堂，开始依照当时西方的分科主义模式设计和实施物理、化学、生物等自然科学课程。1903 年，我国颁布《奏定学堂章程》，史称"癸卯学制"，其中将各自然学科系统地纳入中小学科目之中。自此，分科科学课程一直处于我国学校科学教育的主流地位。

五四运动的蓬勃兴起，使得"民主"与"科学"在当时的中国社会确立了不可动摇的地位。美国"进步教育"大师杜威在此期间在我国进行了长达 26 个月的学术访问，使得"民主主义教育理想"和"做中学"为核心的"科学探究教育"思想深入人心。① 胡适、蒋梦麟、陶行知等人（大部分是杜威的学生）领导了"新教育改革运动"。1922 年，我国颁布了《壬戌学制》，将"适应社会进化之需要""发挥平民教育精神""谋个性之发展""注意国民经济力""注意生活教育""使教育易于普及""多留各地伸缩余地"确

---

① 邹逸．科学教育中的科学主义与人文转向[J]．全球教育展望，2018(5)．

立为七个指导思想。① 新学制在初中设立了综合性质的自然科学课程,是我国真正意义的综合科学课程之开端。在课程内容上,主要采取混合式的编排方式,即将物理、化学、生物的内容以各占三分之一左右的篇幅合编教材。当时出版的合编教材有杜亚泉的《自然科学教科书》、徐镜江的《初级中学混合理科教科书》、高鉎的《实用自然科学教科书》等。

自此,我国的学校科学教育长期处于分科科学与综合科学并存的状态,且在价值取向上多次出现在分科和综合间的钟振现象。1929 年,我国颁发《中学暂行课程标准》,规定自然科学采用分科制和合科制;1932 年,我国颁布《中学正式课程标准》,将自然科学改为以单一的分科制为主,辅以植物、动物等综合性的"自然科";1940 年,中学课程标准修订,自然科学采取混合教学,即以物理、化学、生物等分科课程为主。

二、新中国的分科科学课程改革

1949 年新中国成立之初,面对当时中国社会事业近乎一穷二白、千疮百孔的基本国情,通过发展科学技术以迅速提高生产力水平成为我国社会建设的首要任务,"科教兴国"由此上升到了战略国策的重要地位。鉴于我国学习苏联社会主义革命的成功经验,我国开始了学习苏联社会建设的模式,教育领域概莫能外。具体到科学课程建设而言,1953 年,我国颁布第一套《中学课程标准》,几乎是对当时苏联科学课程模式的移植,而分科科学课程是其最大的特点。此时的各自然学科课程注重自身的系统性,强调基本知识的传递以及基本技能的培训。

1978 年十一届三中全会之后,我国开始施行改革开放政策,开始引进国际科学课程改革的研究成果。1981 年,我国制定了新的中小学教学计划,物理、化学、生物等自然学科重新占据了学校课程的重要地位。② 与此同时,我国开设了第二课堂、课外活动等课程,以弥补分科课程的不足。1985 年 10 月,我国在苏州召开理科教师能力问题研讨会,提出了当时国际上流行的 STS(科学、技术与社会)教育在中国实施的构念。不过,从后续的实践情况来看,中国 STS 教育主要在第二课堂中开展,是

---

① 全国教育联合会新学制课程标准起草委员会. 新学制课程标准纲要[Z]. 上海:商务印书馆,1925.

② 杨玉厚. 中国课程变革研究[M]. 西安:陕西人民教育出版社,1993.

对分科科学课程的一种补充。

总之，从新中国成立到 20 世纪 80 年代末，我国的科学课程一直以分科设置为主，在课程结构和内容上也一直没有大的改变。

三、我国综合科学课程改革的初步试验

1986 年 4 月，全国人大常委会通过了《中华人民共和国义务教育法》，义务教育的实施对学校科学课程改革提出了新的理念与要求。同时，受世界范围内的综合科学课程浪潮的影响，我国亦在部分地区开始了综合科学课程改革试验。其中，东北师大附中、上海和浙江率先开展了综合科学课程改革。

(一)东北师大附中的综合科学课程改革

1984 年，国家教委立项"初中课程改革和综合教材的研究与实验"，并委托东北师大附中担任了这项任务。而据余自强先生在《综合科学课程研究》一书中的介绍，时任东北师大附中校长刘硕女士曾于 1983 年远赴澳大利亚进行中小学教育考察，对当地开设的综合科学课程的开展情况进行过系统的调研和总结，因而此次改革任务于刘校长而言也是将所学付诸实践的一次行动研究。[1]

东北师大附中这次综合科学课程改革的指导思想是在保持各自然学科本身的系统性基础上，加强相互之间的联系。根据相关采访记录，刘校长曾提到，"就我概括出来的国外综合科学课程而言，大致可以分为'大综合'与'小综合'两种形式。'大综合'就是把现有的物理、化学、生物等分科课程体系彻底打乱，以生活生产中的主题对其进行重新综合，以主题来带动各种分科知识的教学。'小综合'就是保持分科课程原来的系统性，同时注重它们相互之间的横向联系与结合，以此来形成相应的综合科学课程。考虑到我国学校科学教育的实际，我们决定本次科学课程改革搞'小综合'"[2]。

在此指导思想下，东北师大附中组织编写了整合物理、化学、生物、地理部分内容的《自然科学基础》教材。该教材历时两年编写完成，面向

---

① 余自强. 综合科学课程研究[M]. 杭州：浙江教育出版社，2011.
② 范雪媛. 综合科学课程实施的影响因素分析——东北师大附中"自然科学基础"改革的个案研究及其对现行初中《科学》课程的启示[D]. 长春：东北师范大学硕士学位论文，2006.

四年制初级中学学生使用，共 12 册，由吉林教育出版社出版。第一册：《宇宙地球》；第二册：《生物结构》；第三册：《多样生物》；第四册：《力和能》；第五册：《分子和原子》；第六册：《电流和电子》；第七册：《溶液和离子》；第八册：《人体和健康》；第九册：《声光电波》；第十册：《物质的转化》；第十一册：《能量转化》；第十二册：《环境保护》。其中，第五、七、十册主要是原化学学科的内容，第四、六、九、十一册主要是原物理学科的内容，第二、三、八册主要是原生物学科的内容，其余主要是原地理学科的内容。①

该套教材于 1986 年年末开始，在东北师大附中等 5 所初级中学的 14 个初一班级进行第一轮试验教学。然而，这种相当于各分科课程"拼盘"式的改革尝试遭遇了较大的困难与阻力。刘校长在相关访谈中这样讲道："遇到的主要问题就是教师在教育观念上的障碍。因为这套教材还是在很大程度上打乱了原有分科课程的系统，导致教师必须重新学习一些跨学科的内容。很多教师不愿意。简单来说就是，教师原有的知识结构不能适应综合科学课程的教学，而他们又不愿意去重新学习和更新自己的知识结构。"对此，东北师大附中一方面在综合科学课程的实施过程中允许各科教师穿插着进行本学科的教学，另一方面开始着手对《自然科学基础》教材进行修改与完善。即便如此，还是出现了各实验学校陆续退出，同时无法找到新的愿意参与实验的学校的窘境。尔后，刘硕校长退休，新任校长也没有继续这项改革，总共历时 7 年(1984—1991)的东北师大附中综合科学课程改革宣告结束。

(二)上海的综合科学课程改革

根据当时国家教委基教司指示，上海市教育局教研室于 1986 年成立综合理科研究小组，专项研究在上海设置义务教育阶段综合理科课程的必要性和可行性。② 经过严谨的调研论证，上海市决定在九年制义务教育初中阶段(7~9 年级)开设综合理科课程。该课程以培养、提升学生的科学素养为根本目标，为综合性科学入门的必修基础课程。同时，上海市

① 向明，等.自然科学基础[M].长春：吉林教育出版社，1987.
② 上海市教育局教学研究室综合理科研究小组.关于上海义务教育阶段在初中设置综合理科课程的必要性和可行性第一轮(1988—1991)试验报告，1991(9).

拟定了《九年制义务教育初中理科课程纲要》，并组织编写了实验教材《理科》1～6 册。从 1988 年秋开始，上海市静安区的第一中学、时代中学，以及南汇县的新场中学，三所中学共 9 个班参与了为期三年的改革试验。从 1991 年秋开始，上海题桥中学、七宝中学和闵行第五中学的初一年级也加入了改革试验。至 1994 年 7 月，第一轮试验结束，上海市着手对教材进行修订。[①]

继而，第二轮试验在教材修订完成后的 1997 年秋再次开始，为期三年。第二轮试验的范围扩大为 27 所学校，并在此过程中逐步对教材进行了再次修订完善，从而形成了相对成熟的《理科》教科书，共 6 册。1999 年，上海提出了"综合——分科——综合"的理科教育新课程体系，并启动新一轮课程教材改革试验。此次试验有静安区、闵行区、浦东区、南汇区、闸北区、普陀区等六个区县的 21 所学校参加，综合科学课程改为在 6～7 年级开设。

与此同时，为了开拓科学教育的视野，学习国际上先进的科学教育理念与方法，尽快促进教师教学理念与实践的转变，上海市教委将综合科学课程改革实施方面的突破点拟定为引进国外教材，并于 2000 年完成了对适用于义务教育阶段 6～7 年级使用的部分牛津大学出版社版《新综合科学》教材的引进与改编工作。《新综合科学》（牛津上海版）教材于 2000 年秋在上海市 17 个区县 95 所学校开始试验，并于 2001 年 7 月完成了全套教材的改编与出版。

时至今日，综合科学课程依然留存于上海市的义务教育课程体系之中，以与分科制并存的形式于 6～7 年级开设，即在初中阶段（7～9 年级）开设物理、化学、生物等分科科学课程的同时，于 6～7 年级开设综合理科课程。

（三）浙江省的综合科学课程改革

1988 年，当时的国家教委决定让浙江省参与义务教育课程教材改革，同年 12 月，浙江省成立了省义务教育教材编委会，就此展开了综合科学课程改革的试验工作。《自然科学》课程的教材及教学指导纲要于 1991 年初完成，并在浙江省部分试验区试行。1993 年秋，浙江省开始在全省范围内推行《自然科学》课程。

---

① 余自强. 综合科学课程研究[M]. 杭州：浙江教育出版社，2011.

在之后的 1997—1999 年，浙江省陆续对科学教材和教学指导纲要进行了修订，第一册为《认识我们周围的世界》；第二册为《探索自然规律》；第三册为《物质和运动(1)宏观物理》；第四册为《物质和运动(2)微观化学》；第五册为《人和自然》；第六册(A)为《原理和规律的应用》；第六册(B)为《生产生活中的实际应用》。到了 2003 年，浙江省对教材进行了再次修订，以《科学》取代了原先的《自然科学》，标志着综合科学课程进入了崭新的阶段。

《科学》课程内容的编排分为三个层次：(1)在总体上划分为"科学探究""生命科学""物质科学""地球和宇宙""科学·技术·社会·环境"五大部分；(2)将各大部分划分为主题单元，如"物质科学"部分划分为"物质的结构""物质的运动与相互作用"等；(3)采用多元化的整合方式将主题再划分为更具体的专题。例如，"电与磁"遵循的是统一的科学概念和原理，"水、空气、健康与环境"是从不同领域视角探讨同一对象。当时《科学》课程的内容结构具体如图 1-2-1 所示。

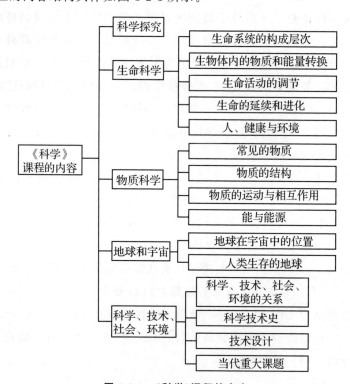

图 1-2-1 《科学》课程的内容

随着浙江省综合科学课程的持续推进，科学教师的专业背景问题逐渐凸显出来。教授《科学》课程的教师的专业背景大多为物理、化学、生物等单一的自然学科，难以兼顾科学教学中出现的跨学科内容，浙江省的综合科学课程改革也因此一度遭到了教师们的强烈反对。为了缓和教师们的抵触情绪，《科学》课程曾采取多位教师联合授课的形式，即将教材内容人为地划分出学科归属，然后安排某一学科专业背景的教师来教授相应的内容。不过，这样的局面并没有持续太久。一方面，浙江省从实施综合科学课程伊始就加强了科学教师的在职培训，力求丰富单科专业背景教师的跨学科专业知识，使其能胜任《科学》课程的教学。另一方面，浙江省于 2004 年开始在浙江师范大学开设科学教育系，专门培养针对《科学》课程的师资力量。随后，杭州师范大学、宁波大学、浙江外国语学院、湖州师范学院、绍兴文理学院等高等院校纷纷设立了科学教育系。从 2008 年起，进入浙江省科学教师岗位的初任教师大多来自各高等院校的科学教育专业。现如今，《科学》课程的师资问题已得到良好的解决，多位教师联合上课的形式已不复存在，同时，各高等院校科学教育专业的招生人数也呈逐年上升的趋势。更值得一提的是，截至目前，浙江省是我国唯一一个全省范围内在初中阶段取消物理、生物、化学的分科科学课程，只开设实施综合科学课程的省份。

第二章 科学课程标准的国际审视

本章将对国际上部分国家的科学课程标准展开考察与剖析。需要特别指出的是，由于文化语境与惯用表述的原因，部分国家的学校科学课程建设与实施的纲领性指导文件有时也被称为《国家科学教育标准》《国家科学课程标准》《科学课程大纲》《科学课程纲要》《自然科学学力要求》等。这些不同称谓的概念内涵与本书绪论中所界定的"科学课程标准"的基本含义是一致的。

第一节 美国国家科学教育标准

长期以来，美国一直非常重视学校科学教育，深谙通过高质量的科学教育培养出适应社会发展趋势的合格公民以及优秀的科技人才之道。在 1985 年哈雷彗星回归之际，美国开始了一项长远的学校科学教育改革国家计划——"2061 计划"，预期在 2061 年哈雷彗星再度回归之时，能收获科学教育改革的丰硕成果。1989 年，"2061 计划"的第一份报告《面向全体美国人的科学》(*Science for All Americans*)正式发布，其中对学生经过幼儿园到高中 13 年的学校科学教育之后所应具备的科学素养做出了全面的描述，为后续科学课程与教学改革的具体展开指明了总体方向和目标。[①] 之后，美国分别于 1996 年和 2013 年颁布了《美国国家科学教育标准》(*National Science Education Standards*，NSES)、《下一代科学教育标准》(*Next Generation Science Standards*，NGSS)两版主要的国家层面

---

① ［美］国家研究理事会. 美国国家科学教育标准［M］. 戢守志，等译. 北京：科学技术文献出版社，1999.

的"科学课程标准"。

一、《美国国家科学教育标准》(NSES)

《美国国家科学教育标准》以提升学生的科学素养为总目标，分别从科学教育实践工作者(主要是科学教师)、科学教育政策制定者(包括社区等相关人员)、科学学习者(学生)的视角构建了以下六个方面的子标准：(1)科学教学标准；(2)科学教师专业进修标准；(3)科学教学评价标准；(4)科学教育大纲标准；(5)科学教育系统标准；(6)科学内容标准。其中的科学教学标准、科学教师专业进修标准、科学教学评价标准可为广大科学教师提供科学教学设计与实施，以及自身的专业发展提供理念方向与操作指南；科学教育大纲标准和科学教育系统标准则明确了科学教育政策制定者以及与科学教育活动相关的社区人员的职责与行动方案；科学内容标准对学生在幼儿园到 12 年级的科学教育过程中应该知道、理解以及实践的科学内容做出了概括与描述(如图 2-1-1 所示)。

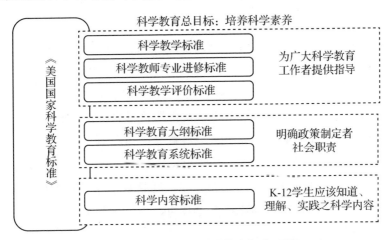

图 2-1-1　《美国国家科学教育标准》框架

具体到科学内容标准而言，总共分为以下 8 个维度："科学的统一概念和过程""作为探究过程之科学""物质科学""生命科学""地球与空间科学""科学与技术""从个人和社会视角所见的科学""科学的历史与本质"。其中，尤其强调"作为探究过程之科学"的基础作用，视科学探究为科学内容体系与科学学习的核心枢纽。除"统一的科学概念和过程"之外，其余内容均按一定年级顺序分组设置，并以相应的科学探究活动为载体基础而进行组织。这一循序渐进设置内容的方式充分遵循了进阶性学习的原则，特别体现在"科学的历史与本质"维度，随着年级的跃升，这一维度的内容组织与科学探究活动安排越来越强调"跨学科"的特征。①

二、《下一代科学教育标准》(NGSS)

至 2010 年，《美国国家科学教育标准》(NSES)已经在美国施行了 15 年之久，这之中世界风云变幻，许多革新出现在科学、科学教育以及经济领域，时代的进步与发展给科学教育标准带来了改进的空间。② 而美国本身在科学、技术、工程以及数学方面的人才结构是存在一定问题的，太少学生进入 STEM 相关专业与职业，因此急需新的科学教育标准来激发学生对于 STEM 的兴趣，以适应科学、技术、工程、数学日益渗透于生活的发展趋势。③ 另一方面，在国际竞争日益激烈的时代，美国学生在 PISA 测试中成绩差强人意，同时在本国的学业成就评测项目(National Assessment of Educational Progress，NAEP)中的成绩也呈下降趋势，使得美国的危机感加剧，由此促使其进行新一轮的科学教育改革。④

美国国家研究理事会(NRC)联合美国科学教师学会(NSTA)、美国科学促进会(AAAS)、达成公司(Achieve Inc)等召集相关领域专家组成专家委员会，共同启动了《下一代科学教育标准》的研发工作。这一项工作共分为两步走：第一，基于多项科学及科学学习的研究，于 2011 年颁布了《K-12 科学教育框架：实践、跨学科概念、核心概念》(*A Framework for K-12 Science Education*：*Practices*，*Crosscutting Concepts*，*and Core Ideas*)，以下简称《框架》。第二步，则是基于《框架》进行标准的开发，最终《下一代科学教育标准》于 2013 年 4 月正式问世。

① National Research Council. *A Framework for K-12 Science Education*：*Practices*，*Crosscutting Concepts*，*and Core Ideas*[M]. Washington，D. C. ：The National Academies Press，2012.

② National Research Council. *A Framework for K-12 Science Education*：*Practices*，*Crosscutting Concepts*，*and Core Ideas*[M]. Washington，D. C. ：The National Academies Press，2012.

③ National Research Council. *Next Generation Science Standards*：*For States*，*By States*[M]. Washington，D. C. ：The National Academies Press，2013.

④ 杨文源，刘欣颜，刘恩山. 美国《下一代科学教育标准》的出台背景及其对科学教育的导向[J]. 当代教育科学，2015(21).

美国《下一代科学教育标准》共分两册——《标准》和《附录》。《标准》册主要按学科核心概念和主题两种组织方式对不同年级的科学内容进行整合，围绕学生的"表现期望"，从学科核心概念、科学与工程实践和跨学科概念三个维度着重体现与"表现期望"相关的要求，以"基础框"的形式呈现。并且联系同年级、跨年级学科核心概念及其他学科教育标准，为此专门设置"联系页"。《附录》册部分则起到与《标准》册配套的说明作用（如图 2-1-2 所示）。

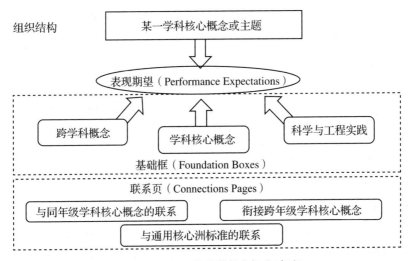

图 2-1-2 《下一代科学教育标准》框架

三、《美国国家科学教育标准》与《下一代科学教育标准》的比较

可以说，美国两版主要的国家科学教育标准都是适应时代发展趋势的，同时都是面向未来、面向全体学生的，旨在不断提高学生的科学素养。相较而言，《下一代科学教育标准》之于《美国国家科学教育标准》，在课程内容编排结构、学科领域具体内容、科学本质关注以及科学教学评价等方面都呈现出一些新的发展。

（一）课程内容编排结构的比较

《美国国家科学教育标准》以科学探究活动为基础，并按照进阶性学习的原则来循序渐进地组织和编排"物质科学""生命科学""地球与空间科学"等科学课程内容。这一内容编排结构强调在学生认知规律基础上通过科学学科领域内容的学习逐步建构关于科学的跨学科观念及发展个人和社会中科学相关问题的解决能力。如"统一的科学概念和过程"维度在幼儿园到12年级的科学课程中均有相关内容的设置，而标准对内容设置要求作出了幼儿园至4年级、5～8年级和9～12年级的分阶段规定。也就是说，《美国国家科学教育标准》在课程内容编排结构上是以学生认知发展为主线的，按照学生年级的不同进行科学学科内容的合理组织，循序渐进、螺旋上升。

而《下一代科学教育标准》则以科学与工程实践为基础，并直接以学科核心概念、跨学科核心概念来整合科学课程内容。无论学生处于什么学段，其教学内容均直接强调借助学科核心概念以及跨学科核心概念来组织安排，同时对学生在相应内容上的掌握情况设置"表现期望"。因此，《下一代科学教育标准》在内容编排结构上更注重自然科学内部的相互渗透与融合，其架构力图超越分门别类单列学科领域内容的传统。表 2-1-1 是对《美国国家科学教育标准》中的"科学探究"和《下一代科学教育标准》中的"科学与工程实践"相关过程性要素的概括，可以看出"科学与工程实践"架构比"科学探究"架构对于课程内容的编排有着相对更强的统领性与整合性。

表 2-1-1 "科学探究"与"科学与工程实践"的基本要素

《美国国家科学教育标准》(NSES) 科学探究	《下一代科学教育标准》(NGSS) 科学与工程实践
a. 确定可以通过科学探究回答的问题； b. 设计和进行科学研究； c. 利用适当的工具和技术收集、分析和解释数据； d. 培养运用证据进行描述、解释、预测和构建模型的能力； e. 通过批判性和逻辑性思维建立证据和解释之间的关系； f. 承认和分析提出的可供选择的解释和预测； g. 交流科学过程和解释； h. 把数学运用在科学探究的各个方面	a. 提出问题（Question）和界定问题（Problem）； b. 开发和使用模型； c. 计划和开展研究； d. 分析和理解数据； e. 运用数学和计算思维； f. 构建解释和设计解决方案； g. 参与基于证据的论证； h. 获取、评价以及交流信息

(二)学科领域具体内容的比较

两个版本在课程内容编排结构上所体现出的不同理念特征,也充分地反映在学科领域具体内容的设置与安排上。如表 2-1-2 所示,《下一代科学教育标准》初中部分的内容维度是围绕 11 个"学科核心概念"对三大学科领域的内容进行整合的,其中物质科学有 4 个核心概念,生命科学有 4 个核心概念,地球与空间科学有 3 个核心概念。这相对《美国国家科学教育标准》中的内容设置更有序,也更能显示相互联系、统整、融合的理念。更具体地来说,《下一代科学教育标准》的物质科学部分增加了"波及其在信息传递技术中的应用",该内容既能反映时代进步,也能折射科学与技术、社会相互作用之特点(STSE)的模块内容。同时,在地球与空间科学这一领域也设置了体现 STSE 理念的"地球与人类活动"这一核心概念。由此可见,《下一代科学教育标准》更加注重事物之间,特别是自然世界内部的统一性与一致性。

表 2-1-2 《美国国家科学教育标准》和《下一代科学教育标准》中的学科领域内容

	《美国国家科学教育标准》(NSES) 5～8 年级物质科学	《下一代科学教育标准》(NGSS) 初中物质科学
物质科学	1. 物质的性质与物质性质的变化; 2. 运动和力; 3. 能量的传递	1. 物质及其相互作用; 2. 运动与稳定性:力和相互作用; 3. 能量; 4. 波及其在信息传递技术中的应用
生命科学	1. 生命系统的结构和功能; 2. 繁殖和遗传; 3. 调节机能与行为; 4. 人口与生态系统; 5. 生命体多样性和适应性	1. 从分子到组织:结构和过程; 2. 相互作用,能量以及生态系统的动态关系; 3. 遗传:性状的遗传与变异; 4. 生物进化:统一性和多样性
地球和空间科学	1. 地球系统的结构; 2. 地球演变史; 3. 太阳系中的地球	1. 地球在宇宙中的位置; 2. 地球系统; 3. 地球与人类活动

（三）所关注科学本质的比较

《美国国家科学教育标准》对科学本质的描述体现在"科学历史和本质"这一部分内容中。例如，5～8年级的学生需逐步理解作为人类奋斗目标的科学；科学家通过观察、实验、理论模型和数学模型来构造和检验对自然的解释；科学观念是具有暂时性的，不是绝对正确的，尽管多数概念已经经过许多实验证实；科学家会对研究的证据和理论作出不同的解释，具有一定的主观性；对于科学家提出的解释需要进行评价与交流；等等。但这些科学本质更多的是一些隐含的引领性观念，需要学生自觉地在科学学习中进行感悟与体会。

而《下一代科学教育标准》则更为显性地体现了科学本质，其倡导在科学与工程实践、学科核心概念以及跨学科概念之后专门开辟一个"联系科学本质"的模块，若某个部分的学习中蕴含有相关的科学本质，就可以在这一模块直接呈现出来。这相比《美国国家科学教育标准》更加细致、明确，更具针对性与指向性，体现了科学本质需要显性教学的思想，同时也是对相关教学内容的进一步拓展。表2-1-3是对两个版本中所强调的具体科学本质的概括。

表 2-1-3　《美国国家科学教育标准》和《下一代科学教育标准》中强调的科学本质

《美国国家科学教育标准》(NSES) 科学本质	《下一代科学教育标准》(NGSS) 科学本质
暂时性：科学家通过观察、实验、理论模型和数学模型来构造和检验对自然的解释，这样的解释不是绝对真理，会随着新证据的出现发生变更； 主观性：科学家对所研究的证据和理论作出不同的解释； 科学研究需要不断评价与交流	科学知识基于实证证据； 用科学模型、定律、理论解释自然现象； 科学是人类的事业； 科学知识在自然系统中是有一定秩序的，并且与其一致； 科学能解决关于自然物质世界的问题； 科学知识是开放的，会基于新的证据不断修正； 科学研究可以采用多种方法
体现在"科学的历史和本质"这一内容标准中，在学生的具体学习中较为内隐	体现在每个部分的学习中，在"基础框"下方专门开辟"联系科学本质"模块，较为外显

（四）科学教学评价的比较

《美国国家科学教育标准》中有专门介绍科学教学评价的标准，并具体描述了教师、州和联邦机构所需采取的用以衡量学生成绩和学生学习机会的评价方案。该标准给出了优秀评价工作的主要特征，可以作为编制评价政策、评价任务和评价步骤的指南。而《下一代科学教育标准》中针对各部分内容的学习也设置了"表现期望"，其中呈现了评价范围，指明了评价涉及的内容，但没有大篇幅描述教师、州、联邦机构所需采取的具体评价做法等，以为这些主体设计与实施相应的科学教学评价留有充分的自由度。表 2-1-4 是对两个版本中关于科学教学评价的主要描述。

表 2-1-4 《美国国家科学教育标准》和《下一代科学教育标准》中
关于科学教学评价的相关描述

《美国国家科学教育标准》(NSES) 科学教学评价	《下一代科学教育标准》(NGSS) 科学教学评价
评价必须与它所支持的决策一致； 必须对学习成绩和学习机会进行评价； 所收集数据的技术质量必须符合在解释这些数据的基础上所进行的决策和所采取的行动的要求； 评价行为必须公正	主要界定了评价的范围，渗透在"表现期望"中，例如，初中物质科学领域的"物质及其相互作用"这一核心概念的"表现期望"第一条：开发模型来描述简单分子和扩展结构的原子组成（评价范围：评价不包括价电子和键能，讨论复杂结构子单元的离子性质以及完整描述一个复杂分子或扩展结构的所有单个原子）
任课教师进行的评价： 1)改进课堂教学实践； 2)制订课程计划； 3)培养自学能力； 4)报告学生进步； 5)教学实践研究。 学区、州和国家级评价： 1)数据分析； 2)教师的参与； 3)样本大小合理； 4)样本具有代表性	

第二节　英国国家科学课程标准

1944 年，英国颁布了《巴勒特教育法》，希冀逐渐形成中央教育行政管理和地方教育行政管理相结合、以地方为主的教育管理体制。由此，决定了英国的课程改革主导权在地方教育行政管理部门手中，学校和教师也有相当大的自主权。这样的教育格局使英国很长一段时期里没有统一的国家课程体系和标准，促成了英国学校课程体系的多元化发展，也导致了各课程建设与实施质量参差不齐的困境。[①] 因而，建立全国统一的课程标准的呼声日益高涨。1988 年，英国通过了《教育改革法》，开启了新一轮的学校课程与教学改革，其中建立统一的国家课程是最为主要的改革行动之一。在此大背景下，英国于 1989 年颁布了《国家科学课程》[②]（*Science in the National Curriculum*），并于 1991 年进行了修订。

一、《国家科学课程》(1989－1991)[③]

1989 年的《国家科学课程》主要包含两个部分："达成目标"(Attainment Targets)和"学习计划"(Programme of Study)。英国将义务教育划分为四个关键阶段：第一关键阶段（Key Stage 1）的学生大部分为 5～7 岁，一至二年级；第二关键阶段（Key Stage 2）的学生大体上为 8～11 岁，涉及三至六年级；第三关键阶段（Key Stage 3）的学生为 12～14 岁，七至九年级；而第四关键阶段（Key Stage 4）为 15 岁至义务教育阶段结束，主要指高中阶段，这一阶段体现了选择性，有两种不同的科学课程要求（模型 A 或模型 B）。"达成目标"指不同能力和成熟水平的学生在每一关键阶段结束时应拥有的知识、技能和理解力的预期标准。《国家科学课程》中共指出了 17 个达成目标，每个目标下又含 10 个水平层次，不同关键阶段对应不同的达成目标和水平层次，如第三关键阶段要求涉及所有的 17 个目标，水平层次需达到 3～7 水平。"学习计划"则指学生需学习的基本科

---

① 胡献忠. 新版英国《国家科学教育课程标准》及其启示[J]. 全球教育展望，2001(3).
② 由于表述用语习惯的原因，英国的《国家科学课程》即是其《国家科学课程标准》。
③ *Science in National Curriculum*[M]. London：Her Majesty's Stationery Office，1989.

学内容，包含"科学探索的详细规定"和"科学知识和理解力具体内容"。科学知识和理解力的具体内容涉及生命科学、物质科学、地球与空间科学等方面。英国1989年《国家科学课程》基本框架如图2-2-1所示。

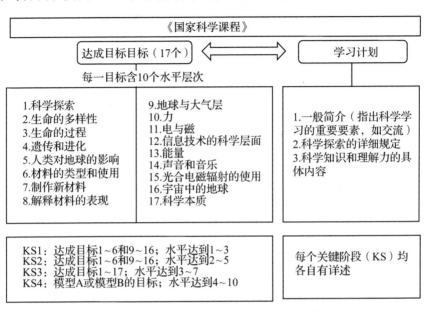

图 2-2-1　英国 1989 年《国家科学课程》基本框架

1991年，英国国家课程理事会对《国家科学课程》进行了修订，减少了达成目标和对达成目标的陈述，同时加强了水平层次之间的联系，并在"学习计划"中增加了一些与"目标陈述"相联系的实例。这些修订可以帮助教师更好地计划、实施、评价科学课程。具体而言，达成目标从1989年的17个减少至4个，分别为：科学探究、生物和生命进程、物质及其属性和物理过程。这是在原有17个目标基础上进行的整合与调整，科学探究对应原来的 AT1 和 AT17，生物和生命进程对应 AT2-5，物质及其属性对应 AT6-9，物理过程对应原来 AT10-16。另外，目标的陈述也减少到 176 个，模型 A 更名为双重科学课程，模型 B 更名为单一科学课程。而具体的科学教学内容未做大篇幅的修改。具体的修订参见表 2-2-1 和表 2-2-2。

表 2-2-1 1991 年《国家科学课程》修订前后对比(一)

	1989 年《国家科学课程》	1991 年《国家科学课程》(修订)
达成目标(AT)	AT1，部分 AT12 和 AT17	1. 科学探究
	AT2，3，4 和 5	2. 生物和生命进程
	AT6，7，8，9	3. 物质及其属性
	AT10，11，13，14，15，16 和部分 12	4. 物理过程
	Ps：AT17(科学本质)包括在与新的达成目标相关的学习计划中。新的达成目标由进阶链(strands of progression)组成，也源自 1989 年国家课程的 17 个目标	
目标的陈述(SoA)	是新的目标陈述的两倍多	减少到 176 条；模型 A 更名为双重科学课程；模型 B 更名为单一科学课程
学习计划(PoS)		在内容上未有大的改变，但更容易操作与实施

表 2-2-2 1991 年《国家科学课程》修订前后对比(二)

1989 年达成目标	1991 年达成目标	说明
AT1	1(i，ii，iii)	科学探究
AT2	2(ii)	遗传和进化——与原来 AT4 结合的"变量和分类"单列为一部分
	2(iii)	人口——与原来 AT5 结合的影响人口大小的因素单列出来
	2(iv)	物质和能量的循环
AT3	2(i)	生命进程——健康教育
AT4	2(ii)	与原来的 AT2 进行结合
AT5	2(iii)	与原来的 AT2 进行结合
AT6	3(i)	物质的属性、分类和结构
AT7	3(iii)	化学变化
AT8	3(ii)	物质属性的解释
AT9	3(iv)	地球与大气层——部分与国家地理课程重叠
AT10	4(iii)	力及其相互作用

续表

1989 年达成目标	1991 年达成目标	说明
AT11	4(i)	电和磁
AT12	4(i)	微电子学的组成和系统的知识和应用；IT 设备在研究中的使用这部分内容现在呈现在 PoS 中的 AT1
AT13	4(ii)	能量的来源和转化
AT14	4(iv)	与原来 AT15 结合在一起，组成"光和声音"
AT15	4(iv)	与原来 AT14 结合在一起，组成"光和声音"
AT16	4(v)	地球在宇宙中的位置
AT17	1(iii)	对科学证据的结果和评价的解释；科学观念的历史包括在 PoS 中的 AT2-4

二、《国家科学课程》(2014)

自 1989 年英国《国家科学课程》颁布以来，英国的科学教育虽然取得了一定成就，但仍然存在不少问题，如科学教育资源分配不均衡、培养的学生难以胜任科技相关企业的工作等。另一方面，英国连续参加了 2000—2012 年的四次 PISA(Programme for International Student Assessment)测评，除了 2000 年成绩排在全球前 10，之后每一次学生成绩都未进入全球前 10，且呈现下降趋势。除此之外，英国学生在国际数学与科学动态研究(TIMSS)的测评中表现也不佳，2011 年相比 2007 年，10 岁学生在数学和科学上的成绩都在下滑，这使得英国教育部门体会到进一步改革科学教育的迫切。在国际竞争日益激烈、国家内部教育问题突显的情况下，英国政府将教育列为重点工作之一，于是开启了英国新一轮国家课程标准的改革。①

2010 年，英国教育部颁布《教学的重要性：学校白皮书 2010》(*The Importance of Teaching：The Schools White Paper* 2010)，其中明确指出国家课程要面向全体学生，使其具备作为一名合格公民的基本知识与基本素养，并且要给予教师更大的自由空间，强调国家课程并不是所有学校都必须实施的大统一课程，而是为学校及教师提供参考和评价的规

---

① 郭爵湘.2014 版英国国家课程标准研究[D].重庆：重庆师范大学硕士学位论文，2015.

范标准。2011 年，英国针对当时的国家课程实施情况做了一次具体的调查评估，并发布了《国家课程框架：一份来自专家团队的报告》(*The framework for the national curriculum：a report by the expert panel*)，为新一轮国家课程的修订提出了具体的建议。在此基础上，英国教育部于 2013 年发布《英国国家课程：协商文件》(*The National Curriculum in England：Framework Document for Consultation*)，在征得广泛意见之后，于 2014 年先后颁布《英国国家课程：关键阶段 1 和 2 框架文件》和《英国国家课程：关键阶段 3 和 4 框架文件》，最终合并成为《英国国家课程框架文件》(*The National Curriculum in England：Framework Document*)，《国家科学课程》(2014)即是其中的重要组成部分。

英国《国家科学课程》(2014)指出高质量的科学教育能为理解世界打下坚实基础，学生需要进行科学知识、方法、过程、思维等方面的学习。英国《国家科学课程》(2014)从学习的目的、目标、科学知识和概念理解、科学本质、过程和方法、口语、学校课程、达成目标、学习计划等方面对科学课程的建设与实施进行了说明，并提出相应要求。第三关键阶段(初中)科学课程标准(如图 2-2-2 所示)从生物、化学、物理三个学科呈现了规定的科学教学内容，而在这些相关内容介绍之前，还设置有单列的一个模块"科学地工作"，并强调其需要与实质的科学学科内容相联系进行教学。

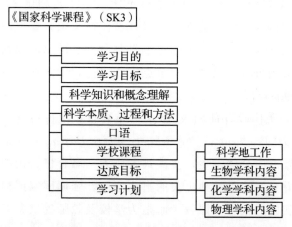

图 2-2-2　英国第三关键阶段《科学课程标准》框架(2014)

三、两版《国家科学课程》的比较

（一）"达成目标"的比较

《国家科学课程》(1989)中的 17 个"达成目标"以罗列的方式呈现，没有根据内容性质进行整合，而在 1991 年修订后，划分为四个整合性的"达成目标"，同时对其陈述也相应地减少。而《国家科学课程》(2014)中对于"达成目标"没有具体呈现，仅指出其具体体现在相应的学习计划中。这些变化体现了英国科学教育改革愈发重视发挥学校和教师的自主性，为他们提供理念方向指引的同时，留给他们充分的创造性实践的空间。

（二）"学习计划"涉及内容的比较

首先，前后两版英国国家初中《科学课程标准》中对内容模块的表述不同。1989 年版的初中《科学课程标准》经修订后从四个目标去安排学习过程及学生需达到的要求：科学探究、生物和生命过程、物质及其属性、物理过程。而 2014 年版国家初中《科学课程标准》中则相应变成了科学地工作、生物学科内容、化学学科内容、物理学科内容。在科学实践方面，1989 年版国家初中《科学课程标准》中的"科学探究"强调一系列开展探究的基本活动要素，如假设猜想、设计并进行探究，而在2014 年版的国家初中《科学课程标准》中的"科学地工作"则拓展了相关要求，不仅要掌握实验的基本技能和探究的基本要素，还要养成科学的态度，同时强调了分析、评价数据以及测量的重要性。在科学知识与理解上，2014 年版国家初中《科学课程标准》大致涵盖了所有 1989 年版的内容，如生命科学方面，1989 年版涉及生命进程、遗传和进化、物质和能量循环以及人口四个主题内容，对应 2014 年版中的"生物体的结构和功能""遗传和进化：遗传，染色体，DNA，基因""物质循环和能量""相互作用和相互依存：生态系统的关系"等内容，但"人口"与"相互作用和相互依存"两部分内容上会存在一些不同。两版的《科学课程标准》内容概述如表 2-2-3 所示。

表 2-2-3　两版国家初中《科学课程标准》中的课程内容

1989 年版国家初中《科学课程标准》		2014 年版国家初中《科学课程标准》	
科学探究	1. 计划、假设和猜想； 2. 设计和进行探究； 3. 理解结果和发现； 4. 进行推断； 5. 交流探究任务和实验	科学地工作	1. 科学态度； 2. 实验技能和探究； 3. 分析和评价； 4. 测量
生物和生命过程	1. 生命进程； 2. 遗传和进化； 3. 人口； 4. 物质和能量的循环	生物学科内容	1. 生物体的结构和功能：细胞和组织；骨骼和肌肉系统；营养与消化；气体交换系统；繁殖；健康； 2. 物质循环和能量：光合作用；呼吸作用； 3. 相互作用和相互依存：生态系统的关系； 4. 遗传和进化：遗传；染色体；DNA；基因
物质及其属性	1. 物质的属性、分类和结构； 2. 物质属性的解释； 3. 化学变化； 4. 地球与大气层	化学学科内容	1. 物质的微观性质； 2. 原子、元素、化合物； 3. 纯物质和混合物； 4. 化学反应； 5. 热力学； 6. 元素周期表； 7. 材料； 8. 地球与大气
物理过程	1. 电和磁；微电子学的组成和系统的知识和应用；IT 设备在研究中的使用； 2. 能量的来源和转化； 3. 力及其相互作用； 4. 光和声音； 5. 地球在宇宙中的位置	物理学科内容	1. 能量：计算燃料消耗；能量变化和传递；系统中的变化； 2. 运动和力：运动的描述；力；液体压强；力的平衡；力与运动； 3. 波：观察波；声波；能量与波；光波； 4. 电和电磁学：电；静电；磁； 5. 物质：物理变化；微粒模型；物质的能量；空间物理

第三节　澳大利亚科学课程标准

一、《科学课程与标准框架》(*CSF*)

1995 年，澳大利亚维多利亚学习委员会颁布了国家《课程与标准框架》(*Curriculum and Standard Framework*，*CSF*)，描述了学生从学前教育到 10 年级的 8 个核心学习领域及其目标学业要求，科学正是 8 个核心学习领域之一。

《科学课程与标准框架》(*CSF* 的重要组成部分)指出了科学教育的基本理念、目标、科学本质以及科学与社会的联系。科学课程的核心学习领域由四个部分构成，分别是化学科学、物理科学、生命科学、地球与空间科学，并用 6 个水平层次划分四个学习领域的目标要求，从低年级到高年级逐渐进阶。其中，在第一和第二水平，学习任务以四部分整合的综合科学形式呈现。从第三水平开始，*CSF* 开始对四大核心领域及其亚分支提出不同的学习结果目标要求。第六水平层次增加了对于拓展性学习结果的要求。综观《科学课程与标准框架》，6 种不同水平不仅阐释了课程重点内容的结构，也划分了学生学业成就的具体标准。学业成就标准包括学习结果和指标，学习结果是对学生在该水平阶段结束时应实现要求的一种预期，主要回应"作为该水平的学习结果，学生应当获得什么知识，具备怎样的能力"。而指标则是帮助教师进行教学评价的基础，用以判断学生是否已取得预期的学习结果。*CSF* 的科学课程核心学习领域结构以及内容水平层次描述如图 2-3-1 和表 2-3-1 所示。

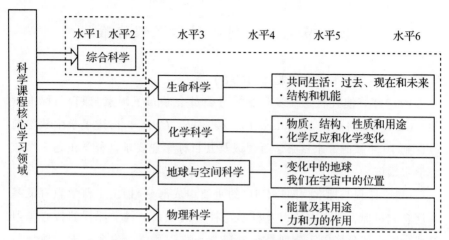

图 2-3-1　CSF 的科学课程核心学习领域结构

表 2-3-1　CSF 的科学课程内容水平层次描述示例

水平层次	核心学习领域	亚分支	学习结果
5	生命科学	共同生活：过去、现在和未来	1. 解释生物分类的生物学基础； 2. 描述生物间的相互影响以及生物与其生存环境的相互影响
		结构和机能	1. 懂得将各类细胞的形态结构与功能联系起来； 2. 解释植物和动物如何获取、传输和转化利用营养物
	化学科学	物质：结构、性质和用途	1. 用简单的粒子模型来解释固体、液体和气体的结构和属性； 2. 根据物质的物理属性和化学特性安全地配制和使用常见物质
		化学反应	1. 描述引发化学反应和影响其反应速度的方式； 2. 懂得制造、分离混合物的简单程序与制药和工业生产过程的联系
	地球和空间科学	变化中的地球	1. 描述岩石的形成、组成和年代； 2. 根据岩石的特征确定其用途

续表

水平层次	核心学习领域	亚分支	学习结果
5	地球和空间科学	我们在宇宙中的位置	1. 知道行星、月亮、太阳及其他星球所处位置如何影响自然现象； 2. 描述宇宙的主要组成成分
	物理科学	能量及其用途	1. 描述热、光、声等形式的能量在传递或反射时的特点及其用途； 2. 描述串、并联直流回路中电流和电压的分配
		力和力的作用	1. 用场模型的观点描述简单的电磁效应； 2. 解释一个机械系统是怎样引导和调节力和运动的

二、《维多利亚科学核心学习标准》(VELS)

2008 年，澳大利亚课程评估与报告局颁布《墨尔本宣言》，其中明确了澳大利亚课程改革的新目标——所有学校能够提供平等、卓越的教育，将学生培养成热爱学习、自信且富有创造力的个体，即活跃、博识的公民。随后，澳大利亚组织修订了新的国家课程标准——《维多利亚核心学习标准》(Victorian Essential Learning Standards)，《维多利亚科学核心学习标准》即是其中的重要组成。[①]

《维多利亚科学核心学习标准》指出，科学教育的原则是面向所有学生、追求卓越、重视证据、尊重努力以及开放思维。该标准将科学课程内容划分为三大部分：物质、个人和社会；基于学科的学习；跨学科学习。对于具体的科学课程内容，VELS 设置了 3 个阶段的 6 个水平层次：第一阶段(学前至 4 年级，水平 1—水平 3)的主要任务是奠定基础；第二阶段(5～8 年级，水平 4—水平 5)的主要任务是增加广度和深度；第三阶段(9～10 年级，水平 6)的主要任务是帮助学生更加独立地思考，寻求与周围世界更深层次的联系，将所学应用于现实世界[②](VELS 的科学课程

① 杨光. 澳大利亚新《科学课程标准》中地理内容分析与启示[J]. 中学地理教学参考，2012(11).

② Victorian Curriculum and Assessment Authority. *Victorian Essential Learning Standards*[M]. 2008.

核心学习领域结构以及内容水平层次描述示例如图 2-3-2 和表 2-3-2 所示）。

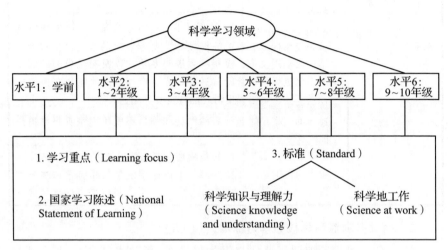

图 2-3-2　VELS 的科学课程核心学习领域结构

表 2-3-2　VELS 的科学课程内容水平层次描述示例

		标准
水平 4	科学知识与理解力	• 学会解释变化的因果关系，明确物理和化学变化的特点，描述反应中物质是如何变化的，识别、比较新材料和原始材料的特点。解释化学变化在新材料生产上的作用，定性地描述运动中的力的变化 • 运用关系、模型和系统解释和呈现复杂结构。识别、解释人类系统和各项功能间的关系。识别、解释环境中食物链间的关系。运用日常例子来阐释能量的转化和转移。解释地球和月球作为太阳系中的简单系统是如何运动的。描述地球圈层的组成，解释地球大气层的功能
	科学地工作	• 学会分析一系列科学相关的地方问题并描述科学与生活的关系。解释可持续的做法是如何发展和运用到当地环境中的。描述澳大利亚科学家对改进科学知识所做的贡献 • 设计简单实验收集数据，得出结论。描述实验的目的，包括出于道德考虑的陈述，将实验目的和收集的数据的性质相联系。设计和建立简单的模型，并撰写介绍模型的科学解释。用图表和符号解释、报告调查过程

		标准
水平 4	科学地工作	• 将系统收集数据和定性分析数据联系起来，运用一系列简单的测量工具和材料，阐释对个人责任的理解。识别和描述实验和使用标准装置的安全要求。基于收集的数据讨论和得出结论时运用关系、模型、系统等术语，以及构成模型的因果关系来进行科学解释
水平 5	科学知识与理解力	• 使用粒子模型解释物质的结构和性质、化学反应以及影响其速率的因素。解释细胞的结构和功能以及不同细胞是如何协同工作的 • 解释生物与非生物系统、特定生态系统中过去与现在的关系，以及人类活动对这些系统的影响。学会分析生物现在和未来生存、生长以及适应需要什么。解释如何用生物已观察到的特点构建一个分类系统 • 学会用日常工具和装置等显示热力学模型，并描述能量的变化、微观粒子的力与运动。用时间量度来解释地球的变化及其在宇宙中的位置。区分宇宙中是否有一个科学基础。用物理和理论模型研究地质过程
	科学地工作	• 会安全、有技术含量地使用一系列仪器和化学药品，懂得制备和分离的过程。设计探究过程包括测量、使用标准实验仪器和设备，以及科学的方法以提高测量的精确性。对记录的数据进行系统的观察和解释 • 证明仪器选择的正确性、测量的精确性和评论过程的可靠性，运用的测量方法以及得出结论的合理性。使用合适的图表和符号来呈现研究结果 • 用计算机软件的模型和图像来解释观察现象。展示基本抽样的过程以及图形化显示生态系统的关系。学会通过模拟来预测一个生态系统的变化及其影响。有效地在小组中使用科学观点来操作设备模型。学会识别、分析以及提问相关的科学观点或利益问题

三、两版科学课程标准的比较

澳大利亚 CSF 和 VELS 科学课程标准都是面向学前至 10 年级全体学生的，并将整个学校科学教育划分为 6 种水平，渐次提高要求。但两版科学课程标准也存在着一些不同。

(一)科学课程内容组织架构的比较

CSF 科学课程标准从水平 3 起分成了四个分支——生命科学、化学科学、物理科学、地球与空间科学，从这四个方面进行内容标准的阐述。而 VELS 科学课程标准从"科学知识与理解力"和"科学地工作"两个维度出发组织水平 3 至水平 6 的科学课程内容。这在一定程度上体现了 VELS 科学课程标准更加强调科学的综合性。

（二）科学课程内容学习要求的比较

以水平 5 为例，从科学知识理解层面上看，CSF 科学课程标准中对学生学习结果的呈现更为细致、详细，而 VELS 科学课程标准的要求较为综合，并没有进行细化与划分，如"细胞的结构功能"这一知识点就没有特别的列举说明。从表 2-3-3 中还可以看出，VELS 科学课程标准的水平 5 基本涉及了 CSF 科学课程标准中的水平 5 所涵盖的概念、原理、规律等，同时，其更为强调科学实践，在"科学地工作"维度下明确提出了学生运用仪器进行测量，建模模拟并解释现象的重要性。

表 2-3-3　CSF 和 VELS 中的科学课程内容学习要求对比

CSF（水平 5）	VELS（水平 5）
生命科学 共同生活：过去、现在和未来 1. 解释生物分类的生物学基础； 2. 描述生物间的相互影响以及生物与其生存环境的相互影响 结构和机能 1. 懂得将各类细胞的形态结构与功能联系起来； 2. 解释植物和动物如何获取、传输和转化利用营养物 化学科学 物质：结构、性质和用途 1. 用简单的粒子模型来解释固体、液体和气体的结构和属性； 2. 根据物质的物理属性和化学特性安全地配制和使用常见物质 化学反应 1. 描述引发化学反应和影响其反应速度的方式； 2. 懂得制造、分离混合物的简单程序与制药和工业生产过程的联系	科学知识与理解力 • 使用粒子模型解释物质的结构和性质、化学反应以及影响其速率的因素。解释细胞的结构和功能以及不同细胞是如何协同工作的 • 解释生物与非生物系统、特定生态系统中过去与现在的关系，以及人类活动对这些系统的影响。学会分析生物现在和未来生存、生长以及适应需要什么。解释如何用生物已观察到的特点构建一个分类系统 • 学会用日常工具和装置等显示热力学模型是怎样的，并描述能量的变化、微观粒子的力与运动。用时间量度来解释地球的变化及其在宇宙中的位置。区分宇宙中是否有一个科学基础。用物理和理论模型研究地质过程

续表

CSF（水平 5）	VELS（水平 5）
地球与空间科学 变化中的地球 1. 描述岩石的形成、组成和年代； 2. 根据岩石的特征确定其用途 我们在宇宙中的位置 1. 知道行星、月亮、太阳及其他星球所处位置如何影响自然现象； 2. 描述宇宙的主要组成成分	**科学地工作** 会安全、有技术含量地使用一系列仪器和化学药品，懂得制备和分离的过程。设计探究过程包括测量、使用标准实验仪器和设备，以及科学的方法以提高测量的精确性。对记录的数据进行系统的观察和解释证明仪器选择的正确性、测量的精确性和评论过程的可靠性，运用的测量方法以及得出结论的合理性。使用合适的图表和符号来呈现研究结果用计算机软件的模型和图像来解释观察现象。展示基本抽样的过程以及图形化显示生态系统的关系学会通过模拟来预测一个生态系统的变化及其影响。有效地在小组中使用科学观点来操作设备模型。学会识别、分析以及提问相关的科学观点或利益问题
物理科学 能量及其用途 1. 描述热、光、声等形式的能量在传递或反射时的特点及其用途； 2. 描述串、并联直流回路中电流和电压的分配 力和力的作用 1. 用场模型的观点描述简单的电磁效应； 2. 解释一个机械系统是怎样引导和调节力和运动的	

第四节　加拿大科学课程标准

一、加拿大科学与技术课程标准的出台背景

1984 年，加拿大科学理事会发表了《学生科学教育：为了明日的世界教育加拿大人》（*Science for Every Student：Educating Canadians for Tomorrow's World*），该报告基于全国科学教育的调查，提出了许多科学教育中存在的问题。1986 年，新政府上台，进一步强调要加强科学教育，并发表了《科学发生在这里》（*Science is Happening Here*）的文件，明确指出科学教育要加强科学、技术与社会的联系。这两份文件对加拿大的科学课程改革产生了一定影响。另外，在 TIMSS 测评中，安大略省的学生成绩在国际上处于下游水平，更加快了科学课程改革的日程。[①] 经过广泛协商，安大略省于 1998 年正式颁布了 1～8 年级《科学与技术课程大

---

① 冯清高. 加拿大科学课程的改革与发展[J]. 广东职业技术师范学院学报，2002(2).

纲》。下文主要分析的是 2008 年加拿大安大略省颁布的 1～8 年级《科学与技术课程标准》(修订版，2007)。①

二、加拿大科学与技术课程标准的结构框架

《科学与技术课程标准》提出了提升学生科学与技术素养的总目标，并在此基础上指出了三个更为具体的主要目标：将科学、技术、社会、环境相联系；发展科学探究和技术问题解决需要的技能、策略和思维习惯；理解科学与技能的基础概念。该《标准》主要由"简介""科学与技术计划""学生成就评价""科学与技术的几点考虑""各年级课程期望"等部分组成，各部分所包含或指涉的具体内容如图 2-4-1 所示。

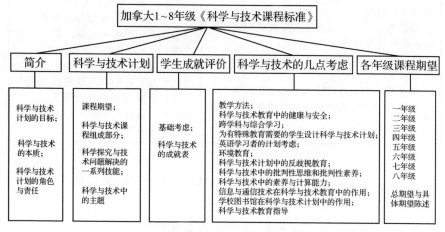

图 2-4-1 加拿大 1～8 年级《科学与技术课程标准》的结构框架

三、加拿大《科学与技术课程标准》中的课程内容与学习期望

加拿大《科学与技术课程标准》中的课程内容包括"理解生命系统""理解结构与机制""理解物质与能量""理解地球与空间系统"四个方面。这四个方面的课程内容在不同年级的分布如表 2-4-1 所示，这些主题内容一定程度上还呈现出与 9～10 年级的衔接，体现了一定的学习进阶性。同时，《科学与技术课程标准》还对学生在学习这些课程内容时所需达到的学习结果做出了预期要求。^① 加拿大《科学与技术课程标准》中的学习期望示例如表 2-4-2 所示。

表 2-4-1 加拿大《科学与技术课程标准》中的课程内容

1～8 年级科学与技术课程				
年级	理解生命系统	理解结构和机制	理解物质和能量	理解地球与空间系统
一年级	生物的特征和需要	材料、物体和常见结构	生活中的能量	昼夜和四季的交替
二年级	动物的生长和变化	运动	液体和固体的性质	环境中的空气和水
三年级	植物的生长和变化	坚固和稳定的结构	引起运动的力	环境中的土壤
四年级	生境和生物群落	滑轮和齿轮	光和声音	岩石和矿物
五年级	人体组织系统	作用在结构和机械上的力	物质的性质和变化	能源和资源的保护
六年级	生物多样性	飞行原理	电和用电装置	宇宙
七年级	环境中的相互作用	形式和功能	纯净物和混合物	环境中的热
八年级	细胞	系统工作	流体	水系统

9～10 年级科学与技术课程				
年级		生物	物理	化学 2	地球与宇宙科学
九年级	理论	可持续的生态系统	电的特性	原子，元素和化合物	宇宙的研究
	应用	可持续的生态系统和人类活动	电的应用	探索物质	空间探索
	技术教育课程	探索技术			

---

① Ministry of Education. *The Ontario Curriculum Grades* 1-8：*Science and Technology*（revised）[M]. Ontario，Canada：2007.

续表

年级		生物	物理	化学 2	地球与宇宙科学
十年级	理论	生物的组织、器官和系统	光和几何光学	化学反应	气候变化
	应用	人类的组织、器官和系统	光和光学应用	化学反应及其实际应用	地球动态气候
	技术教育课程	发型设计和美学健康关注酒店与旅游学	技术设计制造技术工程技术	通信技术计算机技术运输技术	绿色产业

表 2-4-2　加拿大《科学与技术课程标准》中的学习期望示例

年级	主题内容	基本概念	大概念	总期望	具体期望
七年级	理解物质和机制——形式与功能	结构和功能；能量	结构有目的性；结构的形式依赖于它的功能；结构和力之间的相互作用是可预测的	分析设计和构建结构和设备时需要考虑的个人、社会、经济和环境因素；设计和构建各种结构，调查结构的设计、功能及作用的力之间的关系；理解结构形式和作用力之间的关系	
	理解物质和能量——纯净物和混合物	物质；系统和相互作用	物质可根据其物理性质进行分类；物质的粒子理论有助于解释物质的物理性质；纯净物和混合物会对社会和环境产生影响；理解物质的性质能让我们在如何使用它上做出明智的选择	评价使用和处理纯净物和混合物对社会和环境的影响；研究纯净物和混合物的性质和应用；理解纯净物和混合物的性质，并用粒子理论描述这些特性	

续表

年级	主题内容	基本概念	大概念	总期望	具体期望
七年级	理解地球与空间系统——环境中的热	能量；可持续性与管理；系统和相互作用	热是一种可以转移和转化的能量形式，这些过程可以用物质的粒子理论解释；热的来源有很多；热对环境的影响有利有弊	评估减少热损失或热对环境的影响的成本和效益；研究热改变物质的方式，描述热量是如何传递的；理解热作为能量的一种形式是与粒子运动有关的，并且对地球系统内的许多过程来说是必不可少的	
八年级	理解生命系统——细胞	系统和相互作用；结构与功能	细胞是生命体的基础；细胞组成组织，组织组成器官，器官组成器官系统，器官系统组成生物体；系统是相互依存的	评估细胞学说对个人、社会和环境的影响；研究植物和动物细胞的功能与过程；理解动植物细胞和细胞过程的基本结构和功能	从"联系科学、技术、社会和环境""发展研究与交流能力""理解基本概念"三个方面提出更为具体的要求，同时还辅以可供参考的指导问题、议题等
	理解物质和机制——系统工作	系统和相互作用；变化和延续	设计系统来完成任务；所有系统包括输入和输出；系统是用来优化人类和自然资源的	评估系统对个人、社会和环境的影响，评价满足相同需求的对系统的改进方式；研究一个工作系统以及系统各组分对所需功能的贡献的方式；有助于安全和高效运行的系统和因素	
	理解物质和能量——流体	物质；系统和相互作用	流体是许多系统的重要组成部分；流体有不同的性质，这取决于它们怎么被使用；流体对生活至关重要	分析运用在不同技术中的流体的性质，评估这些技术对社会和环境的影响；研究流体的性质；理解流体的性质和用途	

续表

年级	主题内容	基本概念	大概念	总期望	具体期望
八年级	理解地球与空间系统——水系统	可持续性和管理；系统和相互作用；变化和延续	水对地球上的生命是至关重要的；水系统影响气候和天气模式；水是需要可持续管理的重要资源	评估人类活动和技术对水资源可持续的影响；研究影响当地水质量的因素；理解地球上水系统的特征以及水系统对特定领域的影响	

第五节　新加坡科学课程标准

一、新加坡《科学课程大纲》(2008)

新加坡向来重视学校科学教育，于 2008 年研制颁布了新版《科学课程大纲》[Science Syllabus Lower Secondary Express/Normal(Academic)]。该大纲指出学校科学教育的核心目标是培育学生的科学探究精神，使学生成为一名科学探究者。而科学探究的展开需要"知识、理解与应用""技能与过程""道德与态度"这三大领域的共同参与，其分别对应"日常生活中的科学""社会中的科学""环境与科学"。上述这些要素相互作用，共同构成了新加坡《科学课程大纲》的基本理念(详见图 2-5-1)。与这一基本理念相适应下，新加坡《科学课程大纲》呈现了如图 2-5-2 所示的结构框架。①

新加坡科学课程大纲中的科学课程内容则包括"科学与技术""测量""多样性""模型和系统""能量""相互作用"六大主题，详见表 2-5-1。其中，后面四个主题在小学、初中同时开设。同时，该大纲还对每一主题下的具体内容及预期学习结果进行了描述，并在每一主题下提供了关键探究问题、探究活动和探究策略等实施建议，以利于科学教师更好地运用相关资源展开教学。

---

① Ministry of Education，*Singapore*. *Science Syllabus Lower Secondary Express/Normal (Academic)*[M]. 2007.

图 2-5-1　新加坡《科学课程大纲》(2008)的基本理念

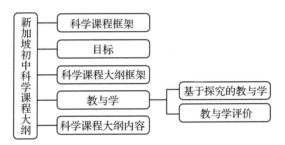

图 2-5-2　新加坡《科学课程大纲》(2008)的结构框架

表 2-5-1　新加坡《科学课程大纲》(2008)的课程内容

主题	学习结果		
	知识、理解与应用	技能与过程	道德与态度
科学与技术	科学过程与应用 ——科学探究 ——社会中的科学与技术	技能： 使用仪器和设备 提出问题 观察 分类 比较 交流 推断 形成假设 预测 分析 阐释 验证	好奇心 创造性 客观性 正直 开放性 坚持不懈 责任心
测量	进行测量 ——使用测量工具 ——物理量和单位		
多样性	物质的多样性 ——物质的分类 ——元素、化合物和混合物 ——溶液和悬浮液 动植物的多样性 ——动植物的分类		

续表

主题	学习结果		
	知识、理解与应用	技能与过程	道德与态度
模型和系统	细胞和物质的模型 ——细胞的结构、功能和器官 ——物质的粒子模型 ——原子和分子的简单概念 植物和人体系统 ——生物体内的运输 ——动物的消化 ——人类的有性生殖	提出可能性 界定问题 过程： 计划研究 创造性地解决问题	
能量	能量的形式和用途 ——能量的形式和转换 ——光 ——电 ——光合作用和呼吸作用		
相互作用	能量和力的相互作用 ——压力和力的概念 ——力矩 ——做功 ——热效应 ——热传递 ——化学反应 ——人口、社区和生态系统的简单概念 ——生态系统中能量流动过程 ——生态系统的营养循环	Ps： 表中所列"技能与过程"和"道德与态度"这两个领域的内容在不同主题、话题中会有不同的体现	

二、新加坡《科学课程大纲》(2013)

2013 年，新加坡对《科学课程大纲》进行了修订，在原有大纲基础上融入了新时代对学生科学素养发展提出的新要求，以帮助学生更好地适应未来社会变革。图 2-5-3 是新加坡《科学课程大纲》(2013)的结构框架。

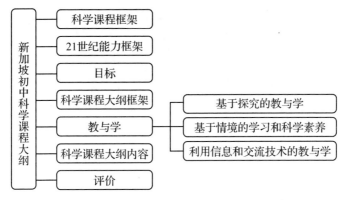

图 2-5-3　新加坡《科学课程大纲》(2013)的结构框架

　　2013 版的科学课程内容由三个核心模块组成，分别是"小制作创造奇迹""我们周围的物质""我们身体的奥秘"。每一个模块包含四个主题，如"我们周围的物质"模块包含"物质的属性""水、溶液和悬浮液""水污染""空气污染"四个主题。可见，模块下的主题之间是有内在联系的知识群。同时，2013 版指出模块中的相关科学概念的学习应建立在相应的探究问题和探究活动之上，这是科学教学和科学学习的指导原则。此外，2013版同样给出了学生在各课程内容上所需达到的预期学习结果，主要从"知识、理解与应用""技能与过程""道德与态度"三个维度进行描述。新加坡《科学课程大纲》(2013)中的课程内容及相关信息详见表 2-5-2。

表 2-5-2　新加坡《科学课程大纲》(2013)的课程内容

模块	主题	学习结果		
		知识、理解与应用	技能与过程	道德与态度
小制作创造奇迹	◇探究力 ◇发现能量 ◇研究热量 ◇研究电	针对每一模块的每一主题内容，都进行了细致的陈述	技能： 事件、现象和问题方面可通过提出问题；形成假设；界定问题；提出所有可能性；预测收集和呈现证据可通过观察	好奇心 创造性 客观性 真诚 开放性 坚持不懈 责任心
我们周围的物质	◇物质的属性 ◇水、溶液和悬浮液 ◇水污染 ◇空气污染			

续表

模块	主题	学习结果		
		知识、理解与应用	技能与过程	道德与态度
我们身体的奥秘	◇细胞：生命体的基本单位 ◇从食物中获取能量和营养 ◇人类繁殖 ◇照顾好我们的身体		技能：使用仪器和设备使得信息和证据有意义可通过比较；分类；推断；分析；阐释；证明过程；创造性地解决问题；计划研究；做决策	
每一模块之后都有一个关键探究活动案例			针对具体主题内容，有不同技能、过程和态度要求	

三、两版《科学课程大纲》的比较

（一）课程内容编排结构的比较

两版《科学课程大纲》都围绕"知识、理解与应用""技能与过程""道德与态度"三大领域来组织编排科学课程内容，但在主题、模块的话题和数量上有所不同，详见表 2-5-3。

表 2-5-3　新加坡两版《科学课程大纲》的课程内容编排结构概述

2008 版		2013 版	
主题（6 个）	话题（8 个）	模块（3 个）	话题（12 个）
科学与技术	科学过程与应用	小制作创造奇迹	探究力
			发现能量
测量	进行测量		研究热量
多样性	物质的多样性		研究电
	动植物的多样性		物质的属性
模型和系统	细胞和物质的模型	我们周围的物质	水、溶液和悬浮液
			水污染
	植物和人体系统		空气污染

续表

2008 版		2013 版	
主题(6 个)	话题(8 个)	模块(3 个)	话题(12 个)
能量	能量的形式和用途	我们身体的奥秘	细胞：生命体的基本单位
			从食物中获取能量和营养
			人类繁殖
相互作用	能量和力的相互作用		照顾好我们的身体
占 85％的课程时间		占 80％的课程时间	

(二)学科领域具体内容的比较

就学科领域具体内容的设置而言，2008 版《科学课程大纲》从"科学与技术""测量""多样性""模型和系统""能量""相互作用"六个主题展开，具体涉及 8 个方面，27 个内容要点。2013 版《科学课程大纲》则围绕"小制作创造奇迹""我们周围的物质""我们身体的奥秘"三个模块展开，具体涉及 12 个话题(详见表 2-5-3)。从"知识、理解与应用"层面看，2008 版列出的学科领域具体内容更为细致，2013 版则更倾向于整合归并。从"技能与过程"层面看，2008 版列举了科学探究所需的各种技能及过程，2013 版则在此基础上，进一步对这些技能及过程加以整理和提炼，也体现统整的思想。从"道德与态度"层面看，两版《科学课程大纲》提出了相似的学科领域内容要求，如好奇心、创造性、客观性、正直、开放性、坚持不懈、责任心等指标(详见表 2-5-4)。

表 2-5-4　新加坡两版《科学课程大纲》的学科领域具体内容概述

	2008 版		2013 版
知识、理解与应用	1. 科学与技术 科学过程与应用 ——科学探究 ——社会中的科学与技术 2. 测量 进行测量 ——使用测量工具	植物和人体系统 ——生物体内的运输 ——动物的消化 ——人类的有性生殖 5. 能量 能量的形式和用途 ——能量的形式和转换 ——光	1. 小制作创造奇迹 ——探究力 ——发现能量 ——研究热量 ——研究电 2. 我们周围的物质 ——物质的属性 ——水、溶液和悬浮液

续表

	2008 版		2013 版
知识、理解与应用	——物理量和单位 3. 多样性 物质的多样性 ——物质的分类 ——元素、化合物和混合物 ——溶液和悬浮液 动植物的多样性 ——动植物的分类 4. 模型和系统 细胞和物质的模型 ——细胞的结构、功能和器官 ——物质的粒子模型 ——原子和分子的简单概念	——电 ——光合作用和呼吸作用 6. 相互作用 能量和力的相互作用 ——压力和力的概念 ——力矩 ——做功 ——热效应 ——热传递 ——化学反应 ——人口、社区和生态系统的简单概念 ——生态系统中能量流动过程 ——生态系统的营养循环	——水污染 ——空气污染 3. 我们身体的奥秘 ——细胞：生命体的基本单位 ——从食物中获取能量和营养 ——人类繁殖 ——照顾好我们的身体
技能与过程	技能： 使用仪器和设备；提出问题；观察；分类；比较；交流；推断；形成假设；预测；分析；阐释；验证；提出可能性；界定问题 过程： 计划研究；创造性的问题解决		技能： 面对事件、现象和问题可通过：提出问题；形成假设；界定问题；提出所有可能性；预测 收集和呈现证据可通过：观察；使用仪器和设备 使得信息和证据有意义可通过：比较；分类；推断；分析；阐释；证明 过程： 创造性地解决问题；计划研究；做决策
道德和态度	好奇心；创造性；客观性；正直；开放性；坚持不懈；责任心		好奇心；创造性；客观性；正直；开放性；坚持不懈；责任心

（三）课程目标的比较

尽管两版《科学课程大纲》均将提升学生的科学素养作为根本目标，也都是主要从知识、技能、态度三个维度对科学课程目标进行界定与表述的，2013 版更注重体现时代要求，明确将 21 世纪能力框架列入其中，详见图 2-5-4。2013 版更注重培养学生公民素养、全球意识、跨文化技能、批判性和创造性思维、信息交流能力的课程目标要求。此外，2013 版的课程目标更能体现与高中课程的衔接，如指出要"发展学生对工作场所有用的各种能力"。

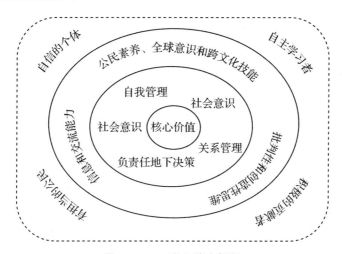

图 2-5-4　21 世纪能力框架

（四）教学建议的比较

在教学建议方面，两版《科学课程大纲》都强调科学探究，倡导科学教学的过程应成为科学探究的过程。科学教学不仅仅要呈现科学的事实和结果，更要让学生经历科学探究的过程，提出问题、建立假设、设计方案、收集证据、合理解释、展示交流，从而理解科学事实和结果的本质，同时在这样的过程中发展自身的知识、技能、情感、态度、价值观。具体而言，2008 版在这方面给出了一系列可供参考的教学策略，如头脑风暴、案例研究、概念图演示、实地考察、游戏、建模，等等，并进行了相应的说明。而 2013 版只是简略地提及这些教学策略。不过，2013 版在教学建议部分特别强调了情境化学习和信息化学习，并对具体的操作程序及注意事项进行了详细说明。① 两版《科学课程大纲》在教学建议上的比较详见表 2-5-5。

表 2-5-5　新加坡两版《科学课程大纲》中的教学建议概述

2008 版	2013 版
1. 基于探究的教与学 策略： 头脑风暴 案例研究 概念图 合作学习 演示 实地考察 游戏 调查 学习中心 思维导图 建模 问题解决 项目 提问 角色扮演、戏剧、舞蹈 与运动 自主学习策略 建议教师融入信息技术	1. 基于探究的教与学 强调基于真实情境开展探究活动，具体列举了一些策略：演示；实地考察；概念图；游戏；建模等
	2. 基于情境的学习 策略： 以学生为中心开展联系概念与真实情境的活动； 进行科学研究； 其他基于探究的策略，如问题解决或者建模
	3. 利用信息和交流技术的教与学 适合科学教育的 ICT 工具： (1)数据收集、处理和解释的工具，包括数据采集器，数据分析软件和电子表格等； (2)多媒体软件，包括模拟软件和虚拟实验等； (3)信息系统，包括互联网和 CD-ROM 等； (4)发布和呈现工具； (5)电脑投影技术。 最后两类工具包括数码相机、录像机、PPT 软件和投影仪等

---

① Osborne，R. J. & Hennessy，S. (2003). *Literature Review in Science Education and the Role of ICT：Promise，Problems and Future Directions（NESTA Futurelab）*. Available online at：http//www. nestafuturelab. org/research/lit _ reviews. htm.

第三章　我国科学课程标准评析

　　义务教育科学课程标准规定了科学教育的基本目标、主要内容和教学基本要求等，体现国家意志，在立德树人中发挥着关键作用。2001年和2011年颁布的《全日制义务教育科学(7～9年级)课程标准》，以及2017年颁布的《义务教育小学科学课程标准》，坚持了正确的改革方向，体现了先进的教育理念，为基础科学教育质量的提升作出了积极贡献。随着义务教育全面普及，教育需求从"有学上"转向"上好学"，在科技进步日新月异，网络新媒体迅速普及，人们的生活、学习、工作方式经历不断改变，儿童青少年成长环境发生深刻变迁的当下，学校课程必须系统地回答好历史和时代提出的"培养什么人、怎样培养人、为谁培养人"这一教育根本问题，优化学校育人蓝图，探索、创新、健全人才培养机制。义务教育科学课程标准肩负着指引义务教育阶段科学课程发展方向的重要意义，必须与时俱进地进行修订和完善。在此大背景下，教育部于2022年4月正式颁布了《义务教育科学课程标准(2022年版)》(以下简称《科学课程标准》)，对于每一位科学教师以及科学教育师范生而言，如何理解新版《科学课程标准》的内容及内在思想，是奠定下一阶段科学教育实践路径的基本问题。本章对新版《科学课程标准》进行深入解读，以期为耕耘在科学教育前沿的教师与研究者提供一种实践的指南、理论的视窗。

第一节　内地(大陆)《科学课程标准》

新版《科学课程标准》在前言部分主要介绍了科学课程标准的指导思想、修订原则及主要变化。

一、指导思想

新版《科学课程标准》对指导思想的表述为："以习近平新时代中国特色社会主义思想为指导，全面贯彻党的教育方针，遵循教育教学规律，落实立德树人根本任务，发展素质教育。以人民为中心，扎根中国大地办教育。坚持德育为先，提升智育水平，加强体育美育，落实劳动教育。反映时代特征，努力构建具有中国特色、世界水准的义务教育课程体系。聚焦中国学生发展核心素养，培养学生适应未来发展的正确价值观、必备品格和关键能力，引导学生明确人生发展方向，成长为德智体美劳全面发展的社会主义建设者和接班人。"

从中可见，促进学生德智体美劳全面发展是我国义务教育课程体系的根本追求，核心素养是对学生全面发展水平的准确表征，具体体现为正确的价值观、必备品格和关键能力。促进学生核心素养的全面发展需要义务教育各学科课程的共同支撑，或者说，各门义务教育课程对于核心素养的培育都具有重要而独特的价值。因此，科学课程的根本任务就是培养青少年形成全面的科学观和科学素养，助力学生全面核心素养的形成。

二、修订原则

(一)坚持目标导向

认真学习领会习近平总书记关于教育的重要论述，全面落实有理想、有本领、有担当的时代新人培养要求，确立课程修订的根本遵循。准确理解和把握党中央、国务院关于教育改革的各项要求，全面落实习近平新时代中国特色社会主义思想，将社会主义先进文化、革命文化、中华优秀传统文化、国家安全、生命安全与健康等重大主题教育有机融入义务教育科学课程，增强课程思想性。

(二)坚持问题导向

全面梳理课程改革的困难与问题，明确修订重点和任务，注重对实际问题的有效回应。遵循学生身心发展规律，加强课程内容的一体化设置，促进学段衔接，提升课程科学性与系统性。进一步精选对学生终身发展有深刻价值的课程内容，减负提质。细化育人目标，明确实施要求，增强课程指导性和可操作性。

（三）坚持创新导向

既注重继承我国课程建设的成功经验，也充分借鉴国际先进教育理念，进一步深化课程改革。强化课程综合性和实践性，推动育人方式变革，着力发展学生核心素养。凸显学生主体地位，关注学生个性化、多样化的学习和发展需求，增强课程适宜性。坚持与时俱进，反映经济社会发展新变化、科学技术进步新成果，更新课程内容，体现课程时代性。

上述修订原则体现了课程标准精准反映国家育人目标的追求，课程标准厘清和回应了实现目标过程中存在的实际问题，并通过创新教育教学方式探寻解决问题的有效路径，着力发展学生核心素养，从而实现培养有理想、有本领、有担当的时代新人的教育目标。具体到科学课程标准而言，即需要准确反映我国关于培育学生科学素养的时代目标，厘清并回应当下科学教育尚存的实际问题，并通过创新科学教育教学方式加以有效解决，以高质量的课程和教学推动学生科学素养的高质量发展。

三、主要变化

（一）关于课程方案

一是完善了培养目标。全面落实习近平总书记关于培养担当民族复兴大任的时代新人的总要求，结合义务教育的基本性质、科学课程的独特定位，从有理想、有本领、有担当三个方面，明确义务教育阶段时代新人培养的具体要求。

二是优化了课程设置。落实党中央、国务院"双减"政策要求，在保持义务教育阶段九年9522总课时数不变的基础上，调整优化课程设置。科学课程起始年级提前至一年级。

三是细化了实施要求。增加关于课程标准编制与教材编写的基本要求；明确省级教育行政部门和学校的课程实施职责、制度规范，以及教学改革方向和评价改革重点，对培训、教科研提出具体要求；健全实施机制，增加强化检测与督导的具体要求。

从中可见，科学课程方案主要从以下角度进行优化：明确义务教育阶段培养学生科学素养的具体目标与要求；统筹、进阶式规划和安排一至九年级科学课程的内容与实施要求；明确省级教育行政部门和学校关于科学课程实施的职责及制度规范；明确科学教学改革方向；对科学学科的相关培训与教科研提出具体要求；健全科学课程实施机制，强化科学课程实施质量的检测与督导。

（二）关于课程标准

一是强化了课程育人导向。课程标准基于义务教育培养目标，将党的教育方针细化为本课程应着力培养的学科核心素养，明确关于正确价值观、必备品格和关键能力的培养要求。

二是优化了课程内容结构。课程标准以习近平新时代中国特色社会主义思想为统领，基于青少年发展核心素养的教育需求，遴选学科领域内的重要观念、主题内容和基础知识，设计课程内容，增强课程内容与国家育人目标间的联系。优化课程内容组织形式，设立跨学科主题学习活动，加强学科间的相互关联，带动课程综合化实施，提高课程实施过程中的实践性要求。

三是研制了学业质量标准。课程标准根据核心素养发展水平，结合课程内容结构，整体刻画不同学段学生学业成就的具体表征，形成学业质量标准。引导和帮助教师把握教学的深度与广度，为教材编写、教学实施和考试评价等提供参考指标。

四是增强了指导性。课程标准针对"内容要求"提出"学业要求"以及"教学提示"，细化了评价与考试命题建议，注重实现"教—学—评"一致性，增加了教学、评价案例，不仅明确了"为什么教""教什么""教到什么程度"，而且强化了对"怎么教"的具体指导，做到好用、管用。

五是加强了学段衔接。注重幼小衔接，基于对学生在健康、语言、社会、科学、艺术领域发展水平的评估，合理设计小学一至二年级课程，注重活动化、游戏化、生活化的学习设计。依据学生小学至初中期间，在认知、情感、社会性等方面的发展基础，合理安排不同学段教学内容，体现学习目标的连续性和进阶性。针对高中阶段学生的身心发展特点和学科特性，为学生进一步学习做好准备。

具体到科学课程标准而言，一是强化了科学课程的育人导向，从科学观念、科学思维、探究实践、态度责任等方面细化了科学课程应着力培养的科学素养；二是优化了科学课程的内容结构，以4个跨学科概念统领13个学科核心概念，重新组织与呈现科学课程内容；三是研制了科学课程的学业质量标准，结合科学课程内容，分学段、进阶式地对学生学业成就的具体表现进行了整体刻画；四是增强了科学课程建设与实施的指导性，针对科学课程内容要求提出了学业质量描述、教学建议、评价建议、教材编写建议、课程资源开发与利用建议、教学研究与教师培训建议、教学案例等；五是加强了科学课程的学段衔接，首次编制了一至九年级一贯的科学课程标准，且在课程目标、课程内容要求、学业质量描述、课程实施建议等方面均充分体现出学段性与进阶性。

四、课程性质与课程理念

(一)课程性质

科学是人类在研究自然现象、发现自然规律的基础上形成的知识系统，以及获得这些知识系统的认识过程和在此过程中所利用的方法。科学为技术和工程提供了理论基础，科学、技术与工程的相互促进作用日益增强，推动着生产力的发展、经济的繁荣和社会的进步，促进了人们生产方式和生活方式的变革，提高了人类社会的物质文明水平；科学为人类认识和理解自然与社会提供了独特的思想方法、思维方式、精神力量和价值观念，提高了人类社会的精神文明水平。在广义的理解中，科学也包括技术与工程。

义务教育科学课程是一门体现科学本质的综合性基础课程，具有实践性。学习科学课程有助于激发和保持学生对自然现象的好奇心，从亲近自然走向亲近科学，初步获得对自然世界的整体认识，以及对科学、技术、社会与环境相互关系的初步理解，进而发展出基本的科学能力，形成基本的科学态度和社会责任感，逐步树立正确的世界观、人生观和价值观，为今后的学习、生活以及终身发展奠定良好的基础；身处全球化时代，科学课程在全世界、全人类的广阔时空背景下，更有着提高全民科学素质，促进经济社会发展和科技强国建设的重要意义。

从中可见，新版《科学课程标准》在课程性质部分首先阐释了科学本质的几大特性，如科学是关涉知识体系、思想方法、思维方式、精神力量、价值观念、技术与工程等的人类文化现象、事业。而科学课程正是体现科学本质的课程，其价值意义在于发展学生多方面的科学素养。

(二)课程理念

1. 面向全体学生，立足素养发展

以习近平新时代中国特色社会主义思想为指导，落实立德树人根本任务。充分发挥科学课程育人功能，为全体学生提供公平的学习与发展机会，满足学生终身发展和适应社会发展的需要；立足学生核心素养的发展，以了解物质科学、生命科学、地球与宇宙科学、技术与工程等领域的基础知识，并初步形成基本的科学观念为基础，以科学思维能力、科学探究和实践能力、科学态度与社会责任的培养为重点，促进学习能力、创新能力的发展，形成清晰和精准的科学课程目标。

2. 聚焦核心素养，精选课程内容

遵循"少而精"原则，聚焦学科核心概念，精选与核心概念相关的学习内容，设计系列学习活动，做到适合年龄特征、突出重点、明确要求，确保学生有充足的时间探究、实践和思考，在学习学科核心概念的基础上，理解跨学科概念，并将其应用于真实情境。根据"六三"学制和"五四"学制各自特点，合理组织与安排课程内容。

3. 科学安排进阶，形成有序结构

基于学生的认知水平和知识经验，设置进阶式的学习任务。一是学习内容由浅入深、由表及里、由易到难，二是学习活动从简单到综合。将学习内容和学习活动有机整合，规划适合不同学段的、螺旋上升的课程目标和课程内容，设计适合不同学段的探究和实践活动，形成循序递进的课程结构。

4. 激发学习动机，加强探究实践

倡导设计学生喜闻乐见的科学活动，创设愉快的教学氛围，保护学生的好奇心，激发学生学习科学的内在动机；突出学生的主体地位，利用学校、家庭、社区的各种资源，创设良好的学习情境，设计适宜的探究问题，引发学生认知冲突，激发积极思维。倡导以探究和实践为主的多样化学习方式，引导学生主动参与、动手动脑、积极体验，经历科学探究以及技术与工程实践的过程；重视师生互动和生生互动，引导学生对所学知识、技能、方法进行总结、反思、应用和迁移，促进自主学习和合作学习的发生。

5. 重视综合评价，促进学生发展

构建素养导向的综合评价体系。改进结果评价，重视正确价值观、必备品格和关键能力的考查；强化过程评价，重视"教—学—评"一体化，关注学生在探究和实践过程中的真实表现与思维活动；探索增值评价，发挥评价的诊断功能、激励作用和促进作用，关注个体差异，改进学习过程。综合评价要充分利用信息技术，提高评价的科学性、专业性和客观性，强调主体多元、方法多样、内容全面，充分发挥学校、教师、学生等不同主体参与教学评价的积极性。

从中可见，新版《科学课程标准》从课程目标、课程内容、课程实施、课程评价等课程框架要素出发，具体阐述了相应的课程理念，为科学课程的建设与实施确立了基本遵循。

五、课程目标

新版《科学课程标准》立足学生核心素养的发展，依据核心素养的内涵及学段特征，结合课程性质，基于课程理念，确定了义务教育阶段科学教育总目标与学段目标。

(一)核心素养(科学素养)内涵

科学课程要培养的学生核心素养，也即科学素养，主要指学生在科学课程的学习过程中，逐步形成的适应个人终身发展和社会发展所需的正确价值观、必备品格和关键能力，集中体现为科学观念、科学思维、探究实践、态度责任等方面。

1. 科学观念

科学观念是在理解科学概念、规律、原理的基础上形成的对客观事物的总体认识。科学观念既包括科学、技术与工程领域的一些具体观念，如对物质、能量、结构、功能、变化的认识；也包括对科学本质的认识，如对科学知识的可验证性、相对性、暂时性的认识，对人与自然关系的认识，以及对科学、技术、社会、环境之间关系的认识；还包括科学观念在解释自然现象、解决实际问题过程中的转化运用。

2. 科学思维

科学思维是一种从科学的视角追索客观事物的本质属性、内在规律及相互关系的认识方式，义务教育阶段科学课程强调的科学思维主要包括模型建构、推理论证和创新思维等三种类型。模型建构思维表现为：以经验事实为基础，对客观事物进行抽象与概括，进而建构模型；运用模型分析、解释现象和数据，描述系统的结构、关系及变化过程。推理论证思维表现为：基于证据和逻辑关系，运用分析与综合、比较与分类、归纳与演绎等思维方法，建立证据与解释之间的关系并提出合理见解。创新思维表现为：从不同角度分析、思考科学问题，提出新颖而有价值的观点，为问题找到更多创造性的解决方法。

3. 探究实践

探究实践主要指在了解和探索自然、习得科学知识、解决科学问题，以及技术与工程实践过程中，形成的科学探究能力、技术与工程实践能力和自主学习能力。科学探究能力体现为：理解科学探究的一般过程和方法；提出科学问题，并针对科学问题作出合理的猜想与假设；制订探究计划并搜集证据，分析证据，得出结论；对探究结果进行解释与评估；准确表达观点，反思探究过程的合理性和结果的可靠性。技术与工程实践能力体现在：了解技术与工程实践的一般过程和方法，基于实际需要明确所要解决的问题，提出富有创意的解决方案，并根据科学原理或限制性条件加以筛选、评估、改进，确定最佳实践计划；实施计划，运用各种工具和材料进行加工制作；根据实际效果进行修改迭代；用自制的简单装置及实物模型验证科学原理、解释科学现象、展示技术与工程设想。自主学习能力体现为：自主确定学习目标、制订学习计划、选择学习策略、监控和调节学习过程、反思学习过程、总结学习效果。

4. 态度责任

态度责任是在认识科学本质及规律，理解科学、技术、社会、环境之间关系的基础上，逐渐形成的科学态度与社会责任。科学态度表现为：保持好奇心和探究热情，乐于将科学知识运用于探究和实践；有基于证据和逻辑发表见解的意识，严谨求实；不迷信权威，敢于大胆质疑，追求创新；尊重他人的观点和见解，善于合作，乐于分享。社会责任表现为：珍爱生命，践行科学、健康的生活方式；热爱自然，具有节约资源、保护环境、推动生态文明建设和可持续发展的责任感；坚守科学常识，秉持科学精神、理性思维对与科学技术相关的社会热点问题作出正确的价值判断，遵守科学技术应用中的公共规范、法律法规和伦理道德，维护自身和他人的合法权益，捍卫国家利益。

新版《科学课程标准》不仅对课程核心素养（科学素养）的内涵进行了具体深入的阐释，也对核心素养各维度在不同学段的表征作出了详细描述，详见表 3-1-1。

表 3-1-1　核心素养的学段特征

学段	核心素养特征
科学观念	
1～2 年级	知道自然界的事物有一定的外在特征，能在教师指导下，观察和描述日常生活中的常见现象
3～4 年级	知道自然现象是有规律的，能在教师引导下，使用所学的科学知识描述并解释常见现象的外在特征
5～6 年级	知道自然规律是可以被认识的，能利用所学知识描述自然现象的变化过程，并初步解释现象发生的原因；能利用所学知识解决简单的科学问题
7～9 年级	知道自然规律是可以通过多种方法被发现的，能用于预测自然现象；能利用所学知识解决科学问题
科学思维	
1～2 年级	能在教师指导下，描述具体现象与事物的构成要素，比较并描述具体现象与事物的外在特征； 能在教师指导下，分清观点与事实，根据研究问题提出假设或观点，具有提供证据的意识； 初步具有从多角度提出观点的意识，能针对事物的外在特征提出多种想法，个别想法具有新颖性
3～4 年级	能在教师引导下，描述具体现象与事物的结构，分析并表达要素之间的关系，找到它们之间重要的、共同的特征，使用模型解释简单的科学现象； 能在教师引导下，建立事实与观点之间的联系，根据研究问题提出假设或观点，并能提供支撑性的证据，可以利用控制变量的方法设计简单的实验； 初步掌握重组思维、发散思维、突破定势等创造性思维的基本方法，能针对事物的外在特征提出有一定新颖性和合理性的观点

续表

学段	核心素养特征
科学思维	
5～6 年级	能分析、解释简单模型所涉及的各个要素及结构，通过分析、比较、综合等方法，抓住简单事物的本质特征，使用模型解释有关的科学现象和过程； 能针对具体的研究问题和交流情境，基于一定的证据提出自己的假设或观点，利用分析、比较、归纳、演绎等方法，建立证据与观点之间的联系，分析科学实验中的变量控制； 掌握创造性思维的基本方法，能基于所学的科学原理提出有一定新颖性和合理性的观点，开展初步的创意设计
7～9 年级	能分析、解释模型所涉及的各个要素及结构，解释并模拟相关的科学现象和过程，阐明相关概念和原理，思考和表达事物整体与局部的关系； 能根据研究问题的需要和讨论交流的情境，提出科学假设和观点；基于证据与逻辑，检验假设，得出结论，阐述自己观点的合理性，开展基于证据的反驳；能确定、分析和评价科学实验中的变量控制； 系统掌握创造性思维的基本方法与创意设计的基本要求，能基于所学的科学知识，从多角度提出具有新颖性和合理性的观点，形成初步的创造性科学问题的提出和解决能力
探究实践	
1～2 年级	初步具有提出问题和制订计划的意识、收集信息和得出结论的意识、简单交流与评价探究过程和结果的意识，以及了解技术与工程实践的兴趣；具有较好的学习习惯
3～4 年级	初步具有从具体现象或事物中提出探究问题，以及基于已有经验和知识制订简单探究计划的能力；能描述对象外部特征和现象，初步具有分析处理信息并得出结论的能力；初步具有交流、反思以及评价探究过程和结果的意识；初步具有参与技术与工程实践的意识及使用常见工具的技能；具备良好的学习习惯
5～6 年级	初步具有从事物的结构、功能、变化及相互关系等角度提出探究问题和制订比较完整的探究计划的能力，初步具有获取并用科学的方法描述信息、处理信息并得出结论的能力，具有初步的构思、设计、实施和检验的能力，具有初步的制订学习计划、监控学习过程和总结反思的能力

续表

学段	核心素养特征
探究实践	
7~9 年级	能识别探究问题和研究变量，设计控制变量的实验方案；理解探究过程和方法，完成学过的探究任务，对探究活动及过程进行表达交流与评价反思；能使用常见的工具和科学仪器，完成简单的、与所学知识相关的技术与工程任务的设计和实施；能制订学习目标和计划，安排学习进程，反思学习过程和结果
态度责任	
1~2 年级	在好奇心驱使下，对常见自然现象或生活中的科学现象表现出直觉兴趣； 能如实记录观察到的信息； 知道可以依据地质疑别人的观点，尝试从多个角度、以多种方式认识事物； 愿意倾听、分享他人的想法，乐于表达、讲述自己的想法； 了解生活中常见的科学技术能给人类生活带来便利，珍爱生命，具有保护身边动植物的意识，知道保护环境的重要性
3~4 年级	在好奇心驱使下，对常见自然现象的特征或现象发生的条件、过程表现出操作兴趣； 能如实记录和报告观察与实验的信息，尊重事实，具有用事实说话的意识； 能有依据地质疑别人的观点，尝试运用多种材料、多种思路、多种方法完成探究和实践； 愿意分享自己的科学想法，接纳他人的正确观点，完善探究活动； 了解科学技术对人类生活方式和生产方式有影响，以及人类的生活和生产活动可能会对环境造成破坏，愿意保护身边的动植物和环境
5~6 年级	在好奇心驱使下，对现象发生的过程及原因等表现出因果兴趣； 不从众，不迷信权威，以事实为依据做出判断，面对有说服力的观点能调整自己的想法； 善于有依据地质疑别人的观点，乐于尝试运用多种材料、多种思路、多种方法完成探究和实践，初步具有创新的兴趣； 愿意沟通交流，乐于与他人就科学想法上的分歧进行沟通交流和辩论，基于证据反思和调整探究； 了解科学、技术、社会、环境之间的相互影响以及科学研究和技术应用中需要考虑伦理与道德的价值取向；愿意采取行动保护环境、节约资源

学段	核心素养特征
	态度责任
7～9年级	乐于思考科学现象的发生原因、规律及理论问题，对科学学习和实践具有初步的理论兴趣； 在尊重证据的前提下，坚持正确的观点；当多人观察、实验结果出现不一致时，不急于下结论，而是分析原因，再次观察、实验，以事实为依据做出判断； 表现出对创新的乐趣，初步形成质疑、创新的品格； 乐于与他人合作交流，掌握合作交流的方法，善于利用小组合作的方式，共同解决科学问题； 感受科学与技术对改善人类生活和促进社会发展的积极作用，关注与科学技术有关的热点问题；知道并遵守科技活动中的伦理和道德要求，具有保护环境的意识和推动可持续发展的责任感； 初步理解科学、技术、社会、环境之间的关系，能辩证地看待科学技术成果的使用对人类造成的影响；具有生态意识、环保意识和可持续发展观念；懂得并认同科学研究与技术应用要遵循一定的伦理道德，关注与科学技术密切相关的社会问题，初步形成热爱自然、珍爱生命、保护环境的责任感

(二)总目标

科学课程旨在培养学生的核心素养(科学素养)，为学生的终身发展奠定基础。对于核心素养各维度(科学观念、科学思维、探究实践、态度责任)的总目标，新版《科学课程标准》中给出了如下描述。

1. 掌握基本的科学知识，形成初步的科学观念

初步认识科学的本质；掌握与认知水平相适应的科学知识，初步形成基本的科学观念，并能用于解释有关的自然现象、解决简单的实际问题。

2. 掌握基本的思维方法，具有初步的科学思维能力

掌握分析与综合、比较与分类、抽象与概括、归纳与演绎、联想与想象、重组思维、发散思维、突破定势等基本思维方法及其在科学领域中的具体应用；能基于经验事实抽象概括出理想模型，具有初步的模型理解和模型建构能力；能合理分析与综合判断各种信息、事实和证据，运用证据与推理对研究的问题进行描述、解释和预测，具有初步的推理

与论证能力；能对不同观点、结论和方案进行质疑、批判、检验和修正，进而提出创造性见解和方案，具有初步的创新思维能力。

3. 掌握基本的科学方法，具有初步的探究实践能力

掌握观察、实验、测量、推理、解释等基本的科学方法；形成科学探究的意识，理解科学探究是探索和了解自然、获得科学知识、解决科学问题的主要途径，理解科学探究涉及提出问题、作出假设、制订计划、搜集证据、处理信息、得出结论、表达交流和反思评价等要素，具有初步的科学探究能力；理解技术与工程涉及明确问题、设计方案、实施计划、检验作品、改进完善、发布成果等要素，具有初步的技术与工程实践能力；能根据自身特点制订合理的学习计划，监控学习过程，反思学习过程与结果，具有初步的自主学习能力。

4. 树立基本的科学态度，具有正确的价值观和社会责任感

具有对自然现象的好奇心和探究热情；能大胆提出自己的见解，并基于证据和逻辑得出结论，实事求是；不迷信权威，敢于大胆质疑，追求创新；善于与他人合作和分享，包容不同的观点；热爱自然、珍爱生命，具有保护环境、节约资源、推动生态文明建设和可持续发展的责任感；能对与科学技术相关的社会热点问题作出正确的价值判断，尊重科学，反对迷信；遵守科学与技术应用的公共规范、法律法规和伦理道德，维护自身和他人的合法权益，捍卫国家利益。

（三）学段目标

在对科学课程的总目标进行上述描述的基础上，新版《科学课程标准》还对上述目标维度的学段目标进行了具体界定（详见《义务教育科学课程标准（2022年版）》）。同时，新版《科学课程标准》对上述学段目标的不同学制适应性进行了如下说明："五四"学制第二学段（3～5年级）目标主要参照"六三"学制第三学段（5～6年级）目标确定，适当降低要求。"五四"学制第三学段（6～7年级）目标在"六三"学制第三学段（5～6年级）目标基础上合理提高要求，结合"六三"学制第四学段（7～9年级）目标确定，使"五四"学制6～9年级目标进阶更加科学。

六、课程内容

科学课程围绕13个学科核心概念设置课程内容，是所有学生在义务

教育阶段应当掌握的科学学科的核心知识。通过对学科核心概念的学习，理解物质与能量、结构与功能、系统与模型、稳定与变化 4 个跨学科概念，如图 3-1-1 所示。将科学观念、科学思维、探究实践、态度责任等核心素养的培育有机融入学科核心概念的学习过程中。

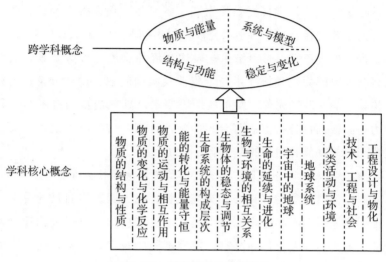

图 3-1-1 科学课程的内容结构

在课程内容的呈现上，每个学科核心概念分解成若干学习内容，如表 3-1-2 所示。根据学段目标、学生特点，以及学科核心概念的本质特征，提出每个学段的内容要求、学业要求、教学策略建议和学习活动建议（详见《义务教育科学课程标准（2022 年版）》）。

内容要求、学业要求由浅入深，由表及里，由现象到本质，螺旋上升，进阶设计；教学策略建议主要用于帮助教师理解学科核心概念和进行教学设计；学习活动建议主要用于帮助教师明确必要的学习活动经历与过程，以及基本学习方式。学习活动主要包括观察、测量、观测、实验探究、模拟实验、制作、体验、调查、种植养殖、读图识图、项目研究、科普剧等。

表 3-1-2　学科核心概念及学习内容

核心概念	学习内容
1. 物质的结构与性质	1.1 物质具有一定的特性与功能 1.2 空气与水是重要的物质 1.3 金属及合金是重要的材料 1.4 常见的化合物 1.5 物质由元素组成 1.6 物质由微观粒子构成 1.7 常见物质的分类
2. 物质的变化与化学反应	2.1 物质的三态变化 2.2 物质的溶解和溶液 2.3 物质变化的特征 2.4 化学反应遵守质量守恒定律
3. 物质的运动与相互作用	3.1 力是改变物体运动状态的原因 3.2 电磁相互作用 3.3 声音与光的传播
4. 能的转化与能量守恒	4.1 能的形式、转移与转化 4.2 能源与可持续发展
5. 生命系统的构成层次	5.1 生物具有区别于非生物的特征 5.2 地球上存在动物、植物、微生物等不同类型的生物 5.3 细胞是生物体结构与生命活动的基本单位 5.4 生物体具有一定的结构层次 5.5 人体由多个系统组成 5.6 生态系统由生物与非生物环境共同组成
6. 生物体的稳态与调节	6.1 植物能制造和获取养分来维持自身的生存 6.2 人和动物通过获取其他生物的养分来维持生存 6.3 人体通过一定的调节机制保持稳态
7. 生物与环境的相互关系	7.1 生物能适应其生存环境 7.2 生物与环境相互作用、相互协调，实现生态平衡 7.3 人的生活习惯影响机体健康 7.4 人体生命安全与生存环境密切相关

续表

核心概念	学习内容
8. 生命的延续与进化	8.1 植物通过多种方式进行繁殖 8.2 不同种类动物具有不同的生殖方式和发育过程 8.3 人的生命是从受精卵开始的 8.4 细菌、真菌、病毒具有不同的繁殖方式 8.5 生物体的遗传信息逐代传递，可发生改变 8.6 生物的遗传变异和环境因素的共同作用导致了生物的进化
9. 宇宙中的地球	9.1 地球是一颗行星 9.2 地球绕地轴自转 9.3 地球围绕太阳公转 9.4 月球是地球的卫星 9.5 地球所处的宇宙环境 9.6 太空探索拓展了人类对宇宙的认知
10. 地球系统	10.1 天气和气候 10.2 水循环 10.3 岩石和土壤 10.4 地球内部圈层和地壳运动
11. 人类活动与环境	11.1 自然资源 11.2 自然灾害 11.3 人类活动对环境的影响
12. 技术、工程与社会	12.1 技术与工程创造了人造物，技术的核心是发明，工程的核心是建造 12.2 技术与工程改变了人们的生产和生活 12.3 科学、技术、工程相互影响与促进
13. 工程设计与物化	13.1 工程需要定义和界定 13.2 工程的关键是设计 13.3 工程是设计方案物化的结果

七、学业质量

　　新版《科学课程标准》新增了"学业质量"部分，以凸显学生在科学课程教学中的主体地位，并以学生的科学学习质量为衡量科学课程教学品质与成效的依据。"学业质量"部分对学业质量的内涵进行了清晰的界定，并以学段进阶的方式具体描述了学业质量标准。

（一）学业质量内涵

学业质量是学生在完成课程阶段性学习后的学业成就表现，反映了核心素养的要求。学业质量标准是以核心素养为主要维度，结合课程内容，对学生学业成就具体表现特征的整体刻画。

（二）学业质量描述

表 3-1-3 是新版《科学课程标准》对各学段学业质量的描述。

表 3-1-3　学业质量描述

学段	学业质量描述
1～2 年级	能从对身边具体现象与事物的观察、比较中提出感兴趣的问题，作出简单猜想，借助多种感官和简单的工具，观察并描述生活中常见的物体和材料、动物和植物等具体事物与现象的外在特征及构成要素，能对这些特征和现象进行简单的比较、分类，并简要交流探究过程与结论；能观察并描述与地球和太阳运动相关的自然现象，知道地球是人类和动植物的共同家园； 能在熟悉的日常生活情境中，认识到事实和观点是有区别的，初步具有从多角度提出观点的意识，尝试用现象或经验支持自己的想法，为自己的观点辩护；能通过口述、画图等方式表达自己的设计与想法，利用身边的材料和简单工具动手完成简单的任务，发现自己作品的问题和可能的解决方案； 能在好奇心驱使下，对生活中常见的物体和材料、动物和植物等具体事物与现象的外在特征表现出直觉兴趣，如实记录观察到的信息；具有质疑别人观点的意识，尝试从多个角度、以多种方式认识具体事物和现象的外在特征；愿意倾听他人的想法，乐于分享和表达自己的想法；了解生活中常见的科技产品能给人类生活带来的便利，知道科技产品有利也有弊；具有珍爱生命、节约资源和保护环境的意识
3～4 年级	能利用工具测量、描述常见物体的特征和材料的性能，描述物体的运动，识别日常生活中各种形式的能；能描述常见动物、植物的共同特征，通过设计简单实验，探究动物和植物的生存、生长所需条件，利用动物和植物基本生存需要的相关知识，解释某些结构的相应功能，收集不同环境下植物外部形态特征和动物适应季节变化行为的资料，描述生物的适应性，利用生物生命周期的相关知识解释生命的延续；能描述太阳、地球和月球之间的空间关系，认识大气、水、岩石和土壤等地球系统的基本要素，能结合实例说明人类合理利用自然资源的重要性； 能从熟悉的具体现象与事物的观察、比较中提出可探究的科学问题，并基于已有经验和所学知识，从现象和事件发生的条件、过程、原因等

学段	学业质量描述
3~4年级	方面提出假设；能制订简单的探究计划，运用感官或选择恰当的工具、仪器观察并描述常见物体、动物、植物的外部形态特征及相关现象，用比较科学的词汇、统计图表等记录整理信息；能运用分析、比较、推理、概括等方法，分析结果，得出结论；能正确讲述并反思自己的探究过程与结论，作出自我评价与调整； 能在熟悉的情境中，观察并描述熟悉的具体现象与事物的构成要素，分析并表达要素之间的关系，找到它们之间重要的、共同的特征，使用模型或者自己设计制作模型解释简单的科学现象；能用二维方式表达三维空间的物体，并解决简单的实际问题；能利用所学的科学知识，分析常见事物的特征及结构，比较常见事物的一些主要特征，将分类的多样性与目的性联系起来；区别事实与观点，根据研究问题提出假设或观点，并能提供支撑性的证据；能利用控制变量的方法设计简单的实验； 能基于常见事物的抽象概念展开发散，突破熟悉的生活情境中常见科学问题的思维定势，针对事物的外在特征提出有一定新颖性和合理性的观点，抓住事物的外在特征进行设计；掌握常见工具的使用方法，利用所学科学原理，通过构思、设计、实施、检验等过程，考虑多种因素，完成简单的工程任务；能发现所制作模型的问题，并进行适当的改进； 能在好奇心驱使下，对生活中常见自然现象的特征或现象发生的条件、过程表现出操作兴趣，如实记录和报告观察与实验的信息；能有依据地质疑别人的观点，尝试利用所学科学原理，运用多种材料、多种思路、多种方法完成探究和实践；愿意分享自己的想法，接纳他人观点，完善探究活动；了解科学技术对人类生活方式和生产方式有影响，人类的生活和生产可能对环境造成破坏；理解节约资源和保护环境的重要性
5~6年级	能初步区别物质变化的不同类型，说出日常生活中不同形式能之间的转化现象，举例说明生活中的热传递现象；能使用显微镜等观察工具，从宏观与微观视角比较动物和植物的不同，说出细胞是生物体结构的基本单位，总结生物体形态结构和功能的关系；能结合生物的生存条件以及动物与植物相互关系等知识，简单描述生物与生物、生物与环境之间相互依存的关系；能结合人体的主要生命活动的知识，通过测量、调查、统计，分析影响人体健康的因素；能比较分析植物和动物子代与亲代的异同，并依据收集到的有关灭绝生物化石的资料，了解生物的多样性和进化现象；能解释与太阳、地球和月球运动相关的一些周期性自然现象，认识到太空探索拓宽了人类的视野；知道地球系统不同圈层的变化产生了各种自然现象；能举例说明自然资源、自然灾害和自然过程对人类活动的影响；能利用上述概念，在熟悉的真实情境中，描述、解释和预测常见现象发生的过程、规律或原因，能在现象之间建立联系，并将所学

学段	学业质量描述
5～6年级	知识迁移到新的情境中； 　　能在熟悉的真实情境中，基于所学的知识，从事物的结构、功能、变化及相互关系等角度提出可探究的科学问题和研究假设，制订合理可行的探究计划，并能设计控制变量的实验方案；能运用观察、实验、查阅资料、实地调查、案例分析等方式获取事物的信息，用科学术语、概念图、统计图表等记录整理信息，表述探究结果，并运用分析、比较、推理、概括等方法得出科学探究的结论，判断结论与假设是否一致；能采用不同的表述方式(如小论文、调查报告等)呈现探究的过程与结论，并与相关的科学原理进行比较，对探究活动进行过程性反思和总结性评价，完善探究报告； 　　能在熟悉的真实情境中，分析、解释简单模型所涉及的各个要素及结构，通过分析、比较、抽象、概括等方法，抓住简单事物的本质特征，展示对事物的系统、结构、关系、过程及循环的理解，能使用或制作模型解释有关的科学现象和过程；能形成常见熟悉事物的动态变化的图景；善于用类比的方法认识事物的特征，用辩证的观点分析问题；能比较事物的本质特征，抽象概括常见事物的共同属性，并按照本质特征和共同属性进行分类；能比较全面地分析问题的各种影响因素，用归纳推理和演绎推理解决真实情境中的简单问题；能针对具体的研究问题和交流情境，基于一定的证据提出自己的假设或观点，利用分析、比较、归纳、演绎等方法，建立证据与观点之间的联系，构建对观点的合理解释，分析科学实验中的变量控制； 　　能运用创造性思维的基本方法，基于所学的科学原理提出有一定新颖性和合理性的观点；能开展初步的创意设计，并利用摄影、录像、文字、草图、实物等，表达自己的创意与构想；能定义简单工程问题，包括材料、时间或成本等限制条件，提出验收标准；能基于所学科学知识，利用常见的工具和材料，设计制作简单的装置，进行简单的技术与工程实践；能根据设计要求改进模型的设计和制作； 　　能在好奇心驱使下，表现出对现象发生的过程及原因等方面的因果兴趣；能以事实为依据作出判断，面对有说服力的证据能调整自己的想法；善于有依据地质疑别人的观点，乐于尝试运用多种材料、多种思路、多种方法完成探究和实践；愿意沟通交流，乐于与他人就科学观点上的分歧进行沟通交流和辩论，基于证据反思和调整探究；了解科学、技术、社会、环境的相互影响以及科学研究和技术应用中需要考虑伦理和道德的价值取向；愿意采取行动保护环境、节约资源

学段	学业质量描述
7～9 年级	能解释物质的一些基本性质，从分子水平解释物质的结构及状态变化，运用简单模型解释常见物质的运动及物体间、物体系统中的相互作用，论证能的转化与能量守恒；能综合细胞、组织、器官、系统、个体、种群、群落、生态系统、生物圈等相关知识，找出生命系统构成层次的内在规律；利用生物体的生命过程和调节机制的相关知识，解释农业生产中植物的作用，以及人体体温调节等现象，分析人的健康与环境的相互关系；能利用生物的多样性与适应性的相关知识，综合分析生物的遗传、变异和环境因素，解释生物的进化现象；关注天文观测和航天事业的进展，能说出不同层次的天体系统，解释与太阳、地球和月球运动相关的自然现象；知道不同圈层的相互作用驱动了地球系统的整体演化；能结合实例解释资源短缺、环境污染和生态破坏等问题及其原因，理解人类解决环境污染和生态破坏等问题的对策；能理解学过的核心概念，初步形成基本的科学观念，并能解决真实情境中的综合问题； 　　能基于所学的知识，从真实的情境中识别可以探究的科学问题和研究变量，并提出合理的研究假设，制订较完整的探究方案，能设计控制变量的实验方案；能根据探究方案，使用常用器材，通过观察、实验等各种方法，获得数据，用科学语言、概念图、统计图表等对数据进行整理分析，并运用所学思维方法和数学方法处理数据，得出结论，判断结论与假设是否一致；能完成与所学知识和方法相适应的、简单的探究报告，自觉地对探究过程和结果进行反思与评价； 　　能根据所要解决的真实问题的需要建构模型，分析、解释模型所涉及的各个要素及结构，解释并模拟相关的科学现象和过程，展示对相关概念、原理、系统的理解，表达事物整体与局部的关系；针对真实情境中的简单问题，能基于一定的事实与证据，利用分析、比较、抽象和概括等思维方法建构简单模型，并能解释常见的现象，解决常见的问题； 　　面对真实的情境和问题，能灵活地用二维方式表达三维空间的物体，形成事物动态变化的图景；能在科学探究、技术与工程实践和真实问题的解决中，辩证地看待问题，使用分析与综合、比较与分类、抽象与概括、归纳与演绎等思维方法，根据研究问题的需要和讨论交流的情境，提出科学假设和观点；基于证据与逻辑，检验假设，得出结论，阐述自己观点的合理性，开展基于证据的反驳；确定、分析和评价科学实验中的变量控制； 　　能根据创意设计的基本要求，应用创造性思维的基本方法，突破思维定势，基于所形成的科学概念和科学方法，从多角度提出具有新颖性和合理性的观点；能综合运用所学的学科核心概念和跨学科概念，利用常见工具和材料，从多学科、跨学科的角度，遵循构思、设计、优化、

续表

学段	学业质量描述
7～9 年级	实施、检验、修改等过程，设计制作简单的装置，开展相关的技术与工程实践；能基于需求，通过开发、使用和修改模型，来描述、测试和预测比较抽象的现象或系统，优化模型的设计和制作。乐于思考科学现象的发生原因、规律及理论问题，对科学学习和实践具有初步的理论兴趣；善于有依据地质疑别人的观点，并在尊重证据的前提下，坚持正确的观点，当多人观察、实验结果不一致时，坚持再次观察、实验，以事实为依据作出判断；喜欢提出创造性的想法，乐于与他人合作与交流，善于利用小组合作的方式解决科学问题和开展创新活动；关注并正确评价与科学技术有关的热点问题，能辩证看待科学技术成果的使用对人类和社会造成的影响；遵守科技活动中的伦理和道德要求，热爱自然、珍爱生命，并参与保护环境和推动可持续发展的活动

八、课程实施

课程实施是实现课程价值与目标的关键环节，对此，新版《科学课程标准》从"教学建议""评价建议""教材编写建议""课程资源开发与利用""教学研究与教师培训"五个方面作出了清晰且具体的内涵阐释与实践规划。

（一）教学建议

科学教学要以促进学生核心素养发展为宗旨，以学生认知水平和已有经验为基础，加强教学内容整合，注重教学方法改革，精心设计教学活动。

1. 基于核心素养确定教学目标

系统设计学年教学目标、单元教学目标和课时教学目标，落实课程总目标和学段目标。确定教学目标要围绕核心素养，依据学业要求和学业质量标准，建立具体学习内容与核心素养表现之间的关联，符合学生的认知水平和已有经验。不同层次教学目标要围绕核心概念，相互关联、整体考虑；同一核心概念在不同年级的教学目标要体现进阶要求。

2. 围绕核心概念组织教学内容

基于课程标准，围绕学科核心概念和跨学科概念，理解教材设计，关注知识间的内在关联，促进知识的结构化，改变碎片化、割裂式的教学倾向。把握核心概念进阶，强化学段教学内容安排的序列化和递进性，体现学业要求和学业质量标准。突出核心概念在真实情境中的应用，加强知识学习与现实生活、社会实践之间的联系，实现学生对核心概念的深度理解、有效建构和灵活应用。

3. 以学生为主体进行教学设计

充分考虑学生的认知水平，针对拟定的教学目标和教学内容，按照学习进阶设计促进学生自主、探究、思维、合作的教学活动，渗透科学史教育，重视幼小衔接。重点关注以下环节。

情境创设与问题提出。从学生已有经验出发，选择合适的情境素材，运用观察、实验、调查、制作等活动创设教学情境，提出有价值的问题，引发认知冲突，激发探究动机。

自主探究与合作交流。根据探究问题引导学生自主设计方案，明确探究任务，注重激活学生的认知、情感和行为，激发学生自主参与、动手动脑、经历探究的过程，既要考虑学生自主独立的学习，还要考虑学生之间的合作学习。

总结反思与应用迁移。设计必要环节，指导学生对学习过程和结果进行总结与反思，发展学生自我监控能力；组织学生运用所学的知识和方法解决真实情境中的问题，实现应用与迁移，做到融会贯通。

4. 以探究实践为主要方式开展教学活动

探究和实践是科学学习的主要方式，要加强对探究和实践活动的研究与指导，整合启发式、探究式、互动式、体验式和项目式等各种教与学方式的基本要求，设计并实施能够促进学生深度学习的思维型探究和实践。

精心组织，加强监控，让学生经历有效探究和实践过程。科学探究包括提出问题、作出假设、制订计划、搜集证据、处理信息、得出结论、表达交流和反思评价等要素，技术与工程实践包括明确问题、设计方案、实施计划、检验作品、改进完善、发布成果等要素。

适时追问，及时点拨，激发学生在探究和实践中的思维活动。教师要随时关注学生的思维状况，渗透思维方法，避免程式化、表面化的说教，通过精心设问、恰当引导等方式，启发学生既重视动手操作，又注重动脑思考，实现学习结果的自我建构，发展学生的思维能力。

学生主体，教师主导，加强教师与学生的有效互动。教师要根据学习要求和学生学习能力，明确探究和实践任务，放手让学生进行探究和实践，鼓励学生通过自主与合作方式开展活动，并给予必要的指导与支持。

(二)评价建议

以课程目标和学业质量标准为依据，构建素养导向的综合评价体系，发挥评价与考试的导向功能、诊断功能和教学改进功能。

1. 过程性评价

(1)评价原则。倡导跨学科融合、校内外结合，体现评价的综合性、增值性及过程性，并遵循如下原则。

以评价促进学生核心素养发展。要从科学观念、科学思维、探究实践、态度责任等方面全面评价学生，促进学生核心素养的发展；基于学业质量标准和学业要求，让学生明确课程内容的学习目标，指导学生用自评的方法发现学习过程中的问题和薄弱环节，分析形成的原因，并通过自我反思形成更好的学习方法。

以评价改进和优化教学。要强化过程评价，探索增值评价，关注个体差异，根据评价结果发现教学过程中存在的问题，研究有针对性的改进措施；寻找教学目标达成度不高的原因，从教学目标的合理性、教学方法的科学性、教学实施的有效性等方面进行全面评价与分析，根据评价结果改进教学方法和教学过程。

评价主体多元和方法多样。强调主体多元，充分发挥学校、教师、学生等参与评价的积极性，综合利用各评价主体的评价结果，促进教与学方式的改变；强调方法多样，将定性评价和定量评价相结合，单项评价与整体评价相结合，纸笔测试与表现性评价相结合，综合利用各种方法，保证评价结果的准确性和有效性。

小学阶段尤其要重视过程性评价。对于1~2年级学生，以观察学生在活动中的表现为主，重点关注学生的参与情况，不进行书面考试。

(2)主要环节的评价。教学活动的环节很多，要发挥过程评价的效益，应重点关注课堂评价、作业评价，以及单元与期末评价。

• 课堂评价

课堂教学中，可以从学生的学习兴趣、思维活动、学习方法、知识理解、学习困难及其原因等方面进行评价，重点关注学生的学习方法与学习过程。

重视学生学习方法评价。教师要在教学活动中通过各种方式了解学生的学习情况，及时发现好的学习方法和解决问题的方法，并推荐给其他学生；分析学生学习过程中不合理的学习方法和思维方法形成的原因，并实施有效的指导。

关注学生学习过程评价。要通过观察学生在学习活动中的表现，了解学生的学习状况，评价教学的成效，以此为依据调整教学目标、内容和方法，提高教学活动的有效性。例如，可以根据学生在解答问题、实验操作、自主探究、小组合作等活动中的表现，判断学生的学习兴趣、思维投入、知识理解、能力水平以及对任务的适应程度，进而基于学生的学业表现评价教学目标的合理性和教学方法的有效性，并进行必要的调整。

注重学生自评与互评。引导学生针对学习过程进行反思，与他人相互评价，关注学习任务是否清晰、学习动机是否强烈、学习方法是否得当、学习目标是否实现等。

• 作业评价

作业对学生巩固知识、形成能力、培养习惯，以及对教师检测教学效果、精准分析学情、改进教学方法，具有重要的价值。作业评价要做到如下两点。

作业难度要体现适切性。根据题目所要求的认知水平，可以将作业分成理解性、应用性、综合性、探究性和创新性等不同的层次。用于评价的作业要紧扣课堂学习的内容和目标，针对不同学生的发展水平和学习的不同阶段，设计不同层次的作业。强调在注重理解和应用的基础上，增加综合性、探究性和创新性作业。

作业形式要体现多样性。用于评价的作业可以采取多种形式：书面作业，如知识内容的巩固练习、单元练习等；动手操作类作业，如实验设计和探究、科学设计与制作等；主题学习的考察类作业，如参观科普场馆、研究某一具体的主题或课题等；调查类作业，如调查公众对重大技术问题的看法、调查区域垃圾分类实施情况等。

• 单元与期末评价

进行单元评价，是为了诊断学生一个单元的学习情况，要重视以下几点。

评价问题的基础性。要以本单元基础知识的理解和基本方法的掌握，以及在真实情境中解释现象和解决问题的能力作为评价的核心内容，重点考查学生"理解了什么"和"会做什么"。

评价方式的实践性。要利用具有探究性和操作性的任务或问题有效测评学生的能力，突出评价方式的实践性。

评价容量的适切性。单元测评的主要目的是检验学生对单元内容的掌握程度，因此，要考虑用合适的时间和题量(或测试任务)来考评学生。

进行期末评价，是为了诊断学生一个学期的学习情况，要做到以下几点。

设计完整的多维细目表。测试题要考虑知识内容、素养维度及等级、预计难度和区分度等。

测评题应该尽可能覆盖学期所学内容，考查学生综合运用所学知识解决实际问题的能力，以提高测试的信度和效度。

测评题的材料尽可能来自生产生活实际，但情境要为学生所常见。

采用非纸笔测试的方式，重点评价学生的科学探究能力、技术与工程实践能力、创新解决实际问题的能力等。

2. 学业水平考试

(1)考试性质和目的

科学学业水平考试是由省级或地方教育行政部门组织实施，依据学业质量标准，对学生学完本课程后课程目标达成度进行的终结性评价。学业水平考试的目的主要是检测学生在义务教育阶段结束时的学业成就，为高一级学校招生录取提供重要依据，为评价区域和学校教学质量提供参考，为改进教学提供指导。

(2)命题原则

导向性。强化育人导向，注重考试命题的素养立意，全面考查学生的科学观念、科学思维、探究实践和态度责任；发挥考试对教学的导向作用，考核对核心概念的理解，引导教师从核心概念的视角整体设计教学活动；命制具有情境性、开放性、综合性、探究性、表现性的试题，引导教师积极探索基于情境、问题导向、深度思维、高度参与的教学模式。

科学性。严格依据学业质量标准，保证命题立意、命题框架、试题情境和范围、任务难度等准确体现学业质量标准的要求；根据评价内容特点，深入理解核心素养内涵，选取恰当的评价方法，设计适合的问题任务；试题要符合教育测量的要求，保证考试的信度和效度。

规范性。以国家教育法律法规和课程标准为依据，精心选择命题人员并进行培训，强化命题流程规范，严格试题质量评估，确保命题框架合理、内容准确无误、情境问题恰当、语言表达清晰、考试结果真实有效。

（3）命题规划

命题规划是保证命题质量的基础，主要包括以下几个方面。

制订命题框架。依据课程目标和课程内容，遵循学业质量标准要求，构建命题框架。命题框架主要包括评价目标、内容范围、素养水平等。

确定测评形式。注重运用纸笔测试、实验考查等与测评内容相适应的测评形式，全面落实学业质量标准要求。

规划试卷结构。确定核心概念在试卷中的比例，合理规划内容结构；确定题型及其比例，避免机械记忆试题，减少客观性试题比例，提高探究性、开放性、综合性、表现性试题的比例。

（4）题目命制

试题命制要按照"明确测评指标—预估试题的难度水平—确定测评题目的题型—确定试题情境和任务—确定测评题目的评分标准"的流程来进行。

明确题目的考查意图。清楚每道题目所考查的核心素养及其水平。

通过分析试题的认知水平，预估试题的难度水平。基于学业质量标准的描述，试题的认知水平可以分成低、中、高三级。低级水平：运用一个步骤的认知过程，如回忆事实、术语、概念或原理，或者从图表中读取某一个信息。中级水平：运用概念描述或解释现象，在需要两个或两个以上步骤的认知过程中制订适宜的程序，组织并展示数据，解释或运用数据及图表等。高级水平：分析复杂的信息或数据，整合或评价证据，确定各种不同信息资源的合理性，制订解决问题的计划或规划，以及方法、步骤、程序等。

考虑试题的情境和问题的设定。学业水平考试试题要以现实为背景创设问题情境，以便考查学生运用科学知识解释与解决问题的能力。试题情境的创设要有机联系科学、技术、社会和环境等现实问题，如生产劳动、环境保护、自然灾害、能源和资源、疾病防控、气候变化、太空开发等。要基于情境设置问题，问题与情境要高度融合，并根据测评内容的性质和难度确定题型。

确定测评题目的评分标准。预估学生的作答情况，对可能出现的各种合理答案进行分类和相应的水平划分，提出参考答案及评分标准。

在上述阐释与描述的基础上，新版《科学课程标准》还给出了针对学业水平考试的具体例题与评分标准示例（详见《义务教育科学课程标准（2022年版）》）。

（三）教材编写建议

科学教材的编写应以课程标准为依据，全面落实课程理念和课程目标，使教材起到支撑教师教学、促进学生学习的作用。

1. 教材编写原则

（1）把握方向性。全面贯彻党的教育方针，体现社会主义核心价值观，落实立德树人根本任务，充分发挥科学课程的育人功能，培养学生的核心素养。

（2）符合科学性。总体设计符合课程标准的基本理念，落实科学课程目标、课程内容和学业质量的基本要求。教材内容准确，编排合理，反映科学课程内容的基本特点，体现科学教学的基本规律。

（3）体现适切性。不同学段课时不同，学生的认知水平也有较大差异，在保持教材风格总体一致的前提下，教材的容量、结构、版面、活动等要体现各学段的特征，适合学生的知识经验和兴趣特点，注重联系学生学习和生活实际，满足不同区域学生的需求。要重视幼小衔接，入学适应期以综合性活动为主，突出活动的游戏性和生活化。

2. 教材内容选择

(1)覆盖课程标准的所有内容。教材要覆盖课程标准规定的核心概念和学习内容，反映不同学段的内容要求，落实学生必做探究实践活动。

(2)突出核心概念的理解应用。贴近学生的生活实际，创设真实的教学情境，精心设计与核心概念的建构相匹配的学习活动，引导学生通过探究和实践学习科学，增强学生对学科核心概念和跨学科概念的认识与理解。技术与工程实践活动，要以学生的知识经验、思维水平和动手能力为基础，让学生综合运用学科核心概念和跨学科概念，通过动手动脑，解决真实情境中的实际问题。

(3)兼顾基础性和时代性。既要选择对学生理解核心概念和发展核心素养起重要作用的基础性知识，也要选择对学生生活有重要影响、具有时代特征的最新科技内容，使学生接触和接受反映时代特征的新思想与新事物，增强对科学技术与现实生活关系的体验和理解。

(4)体现开放性和灵活性。教材内容要满足不同学生的需要，引导学生将课内学习与课外实践和课外阅读相结合，通过多种途径开展学习，并运用科学知识力所能及地解决实际问题。教材内容要给教师留有空间，便于教师灵活处理教学内容，发挥创造性。

(5)合理选择科技史素材。教材要结合科学探究和实践活动，合理选择科技发展史中具有深远影响的重大事件、经典实验、重要理论和思想、代表性人物，以及中国古代和近现代科技成就，让学生理解科学本质，体会科学思想，学会科学方法，形成科学态度。

3. 教材内容编排和呈现

(1)内容编排应具有整体性和逻辑性。内容编排要结构合理、详略得当、符合逻辑。注重单元之间、册次之间、学段之间的衔接，体现核心概念及其进阶，促进学生形成对所学内容的完整认识。

(2)活动设计要体现实践性，注重学思结合、知行统一。教材编写要重视思维型探究和实践活动的设计，创设真实的教学情境，激发学生内在学习动机和认知冲突，引导学生自主探究和合作交流，促进学生积极思维。

（3）呈现方式要符合学生学习特点。教材内容的呈现方式，应当符合相应学段学生的心理特点和发展要求，实现学科知识内在逻辑与学生认知逻辑的统一，并体现活动性和开放性。从学生观察世界的角度，以自主学习活动的方式进行表述，给学生的自主学习留有充分的空间，使学生通过探究和实践活动建构新知识。不同学段的探究和实践活动，在呈现方式上应有所区别，以体现教师指导、引导和学生自主学习的不同层次。

（4）栏目设计合理、精当，形式活泼。教材风格要统一，呈现形式要多样。力求图文并茂，尤其是要精选生动反映自然现象和准确反映科学原理的图片，提升学生的学习兴趣。提倡融入数字化资源，使教材更加生动活泼。

（四）课程资源开发与利用

科学课程资源是指有助于进行科学教学活动的各种资源。合理使用这些资源，有助于激发学生学习科学的兴趣，提高教学活动的质量。教材编写者、教学研究人员、教师等有关人员应依据课程标准，有意识、有目的地开发和利用各种科学课程资源。

1. 开发与利用原则

开发和利用课程资源要体现思想性、多元性和适宜性，注重政治导向和知识产权保护。提倡充分利用身边的、易得的科学课程资源帮助学生学习，促进课程目标的达成。

（1）符合课程标准的要求。资源的开发与利用，要把握科学教育的思想性和政治导向，要在理解课程标准和教材编写意图的基础上进行，聚焦科学课程培养学生核心素养的需要，精选有助于科学学习的各类优质资源。

（2）实行多元主体开发。科学课程资源比较广泛，在开发中既要充分发挥教师作为课程开发重要主体的作用，又要发挥学生、学校、社会、家庭等方面的积极性，多途径共同开发，形成多方参与课程资源开发的长效机制，探索课程资源开发与利用的有效途径和方法。

（3）贴近教与学的实际。教师要善于选择与组合各种适宜自身教学实际的课程资源，创设真实教学情境，给学生操作、体验、探究、实践等提供支持。要重视课程资源的整合与利用,力争做到课程资源与科学教学的有机结合,信息技术与科学教学的深度融合,校外学习与校内学习的相互促进,原有资源和生成性资源的综合使用,线上学习与线下学习的有效整合。

2. 开发与利用建议

各级教育行政部门要充分调动教师、家长、学生和其他社区成员的积极性,开发贴近科学教学的丰富的课程资源。科学教师要有选择与组合课程资源的意识和能力,创设学习情境,丰富教学内容,推动科学教学的有效进行,促进学生核心素养的形成和发展。

基于不同的标准,课程资源可以分为不同的类型,重点关注以下几种。

加强科学实验室的建设、利用与管理。教育行政部门和学校应加大经费投入,每所学校必须建立科学实验室和仪器室,按国家有关标准配备能满足科学教学要求的实验设备和器材,保证实验耗材和自制教具、学具的经费。学校可在保证完成学生实验和演示实验等教学基本任务的基础上,丰富科学实验室的功能,为学生开展科学探究和实践活动提供服务。科学教师要充分利用科学实验室进行教学,让实验室成为学生学习科学的主要场所,保证学生完成全部的必做实验。要加强科学实验室的管理工作,并配备专人负责,定期检查设备完好情况。由科学教师兼职实验室管理员工作的,应当折算相应的工作量。对消耗性材料和缺损报废的设备及时给予补充。学校应制订相应的管理制度,保证安全,提高使用效率。

注重校园环境、设施设备的开发与利用。校园环境和学校的一些活动场所、设施等,都是实施科学课程的有效资源。学校和教师应当充分利用或建设校园环境中与科学有关的资源,如花草树木、鸟类昆虫,以及校园天文台、气象站、种植园、养殖场、科普宣传区、科学活动区、探索实验区等,让校园成为学习科学的大课堂。教师应根据教学需要,本着科学合理、安全可靠的要求开发实验教具。充分利用日常用品和材料,开发创新科学实验,让实验更贴近生活,课堂更有趣,使学生有更多动手实验的机会。学校要尽可能配备内容丰富、形式多样的科技图书、期刊、报纸等，引导学生阅读，扩大视野。

注重社会资源的开发与利用。要发挥各类科技馆、博物馆、天文馆等科普场馆和高等院校、科研院所、科技园、高新技术企业等机构的作用，把校外学习与校内学习结合起来，因地制宜设立科学教育基地，补充校内资源的不足。要利用学校周围的自然资源和社会资源，通过实地考察、研学实践、环保行动等途径，进行科学学习。学校应充分发挥科技工作者对科学教育的重要作用，聘请专家参与教师培训、课程开发和科学教育活动。

充分利用网络资源开展科学教学。教师要积极参与网络资源建设，充分利用网络资源，运用在线学习、微课、资料查询等方式，促进信息技术与科学学习深度融合，为教学服务。教师可以利用科学教学网站或资源库，运用各种网络平台或工具，开展网络研修或科学教学信息交流活动，提高自己的专业水平。教师应利用信息技术辅助手段，如虚拟仿真实验、数字化实验等，让学生比较直观便捷地学习相关知识。学校与教师还应关注数字化教材、音像资料、多媒体软件等资源的开发与使用。

注重积累与利用生成性资源。在科学课程的教学中，还要关注教与学活动过程中生成性资源的搜集与积累。在课堂教学、项目研究、科学讨论会、信息分享会、科技实践活动、作品及成果展示等互动性、探究性学习情境中，抓住信息生成、交流借鉴、碰撞观点的机会，培养学生的合作意识、学习能力、创新精神和实践能力。

（五）教学研究与教师培训

1. 课程标准培训建议

各级教育行政部门和学校要建立完善的培训体系，明确培训的主体责任，做到规划合理、内容科学、方法有效。

（1）培训方案要有规划性

培训方案要有系统规划。对于科学课程标准的培训，要根据教师的专业发展计划和本地的实际情况，统筹安排，系统实施。要对所有的科学教师进行培训。

可以将长期培训与短期轮训相结合，提供不同的专题内容，制成培训目录，供教师自由选择。培训可采用学分制管理方式，培训的效果要进行检查和验收，可由学校或教育行政部门统一安排验收与考核。

（2）培训内容要有针对性

要注重培训内容的整体性。重点阐释科学课程的全面育人价值，分析课程标准各个部分之间的关系，促进教师从整体上认识科学课程标准。

要突出科学课程思想方法和教学思想的培训。明确课程理念与设计思路，理解核心素养与课程目标，关注核心概念的理解和教学，关注进阶学习中不同学段要求的把握与衔接，关注跨学科的综合性学习，加强对技术与工程的理解，掌握基于课程标准的学业测评方法，领会课程标准所倡导的教学思想。

要针对不同层次的教师设计相应的内容。对专职教师，要理论联系实际，将课程标准培训与教师专业能力的发展有机结合；对兼职教师，要重视课堂教学观摩，重点突出对科学知识的理解及动手操作能力的培养；对新教师，应以课程标准的理解和课堂教学培训为主；对骨干教师，在课程标准解读的基础上，应以科学教学研究和课程开发培训为主。

（3）培训方式要有实效性

要继承优秀的传统培训方法，并不断创新培训形式，注重实践、体验、参与式的培训，提倡理论指导、案例分析、情景模拟、自主反思和行为反馈的培训方法，改进教学过程，提升培训效果。

根据培训的目标和内容特点，可以采用专题讲座、案例研讨、工作坊、线上与线下相结合的多样化培训方式。科学课程标准解读可以采取专家现场讲座、互动交流、视频学习的方式；案例研讨可采用工作坊方式，实施"案例分享—小组研讨—集中研讨—专家点评"等活动环节；可利用线上平台，灵活安排在线讲座与互动。

基于理论和实践相结合的培训，应贯穿在整个培训过程中。针对教师在理解和实施课程标准中存在的问题与困惑，开展有针对性的实践、体验、参与式活动，促进教师理解科学课程标准的关键问题，帮助教师基于课程标准进行教学。

2. 教学研究建议

各级教研部门应配备科学学科教研员，建立地区性科学课程教研系统和网络，形成完整的教研体系，定期开展教研活动，使教研活动与教师的专业发展相结合，并给予相关经费支持，形成制度。

教学研究要以学习为基础，以实践为途径，以反思和行动研究为主要手段，围绕教学中的重要问题和突出问题开展研究；要关注一线教师的需求，关注鲜活的课堂教学实践，从实践到理论进行概括提升。

（1）基于实际整体设计教研活动。通过调研把握教师在理解和实施课程标准中存在的问题与困难，针对问题确定教学研究的目标，整体设计教研内容及活动，提高教研活动的针对性。

（2）聚焦关键问题开展主题教研。基于核心概念的探究式活动设计和教学、跨学科实践活动的设计与实施、基于学业质量标准的评价等，是科学课程标准实施中的关键问题。开展基于关键问题的主题教研活动，如通过专家讲座，帮助教师理解核心素养和课程目标、基于核心概念的教学设计与实施、学业质量评价等；展示具体教学案例，使教师理解围绕核心概念的教学设计；通过现场课例展示、研讨与总结反思，提升教师的认识；让教师通过自己的教学实践，逐步理解并掌握基于核心概念的教学应该如何组织。

（3）采用多样化教研方式，提高针对性与实效性。教学研究以行动研究方式为主，以解决实际问题为目标。根据教研目标、教研内容、教师的实际需求，可采用教学现场研讨、网络教研、专题讲座、工作坊、主题沙龙、微论坛、小课题研究、学科教研组研讨、跨学科教研组研讨、跨教研室联合研讨等方式进行。

3. 校本教研建议

（1）建立有效的校本教研机制。学校要统筹安排校本教研活动，特别要发挥科学教研组的作用，每学期安排定期的教研活动。要加强教师个人的教学反思，及时把反思转化为经验，把经验与理论相联系，形成具有普遍性的教学研究成果。要基于实施技术与工程教学的需要，开展跨学科、跨领域的教学活动，建立跨学科教研活动机制。

（2）聚焦实际问题开展研究。课程标准实施过程中会产生很多具体问题，要将教学中的实际问题抽象为研究课题，进而开展研究活动，提高校本教研的针对性。

（3）基于研究结果改进教学。校本教研的问题来源于教学实际，校本教研的结果应用于改进教学，建立"课程实施—教学问题—实证研究—反思改进"的校本教研范式。

第二节 香港《中学科学科课程纲要》

1997年回归祖国后，香港特别行政区推行了一系列教育改革。在科学教育方面，受西方发达国家科学、技术、哲学、自然辩证法传统的影响，香港教育署于1998年颁布的《中学课程纲要（科学科）》紧扣"科学技术之社会应用"和"科学技术与社会发展的关联"，对其学校科学课程与教学体系展开了全方位改革。《中学课程纲要（科学科）》（以下简称《纲要》）主要包括课程理念与宗旨、课程目标、课程内容、实施建议等部分，详见图3-2-1。[①]

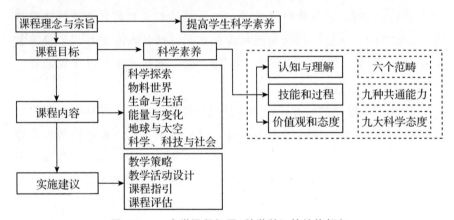

图 3-2-1 《中学课程纲要（科学科）》的结构框架

一、课程理念与宗旨

《纲要》指出，科学科（中一至中三）的课程理念为：以主题式的内容设计，为学生提供广阔而均衡的学习经历，做好小学段和高中段的科学课程衔接，帮助初中学生掌握科学知识与技能，提升科学素养，养成客观的科学态度；加深学生关于科学技术与社会生活、自然环境间相互影响关系的认识；在科学探究活动中培养学生对社会的高度责任感，懂得爱护环境、善用资源；在科学技术迅猛发展的时代，帮助学生适应社会生活中的机遇

---

① 香港课程发展协会. 中学课程纲要（科学科）（中一至中三）[S]，1998.

与挑战。课程宗旨为让学生在获得基本科学知识和概念的同时，培养科学探究及解决问题的能力，激发学生对科学的好奇心及兴趣，使学生掌握科学用语及相关技能，了解科学本质，认识科学、科技及社会的相互影响，从而培养学生对待社会生活的科学态度，进而为社会作出贡献。

二、课程目标

课程目标是课程理念与宗旨的具体化，根据上述课程理念与宗旨，《纲要》设置了层次分明的课程目标、学段目标、单元目标，针对各层次的课程目标加以逐步丰富、细化与拓展，循序渐进地深入教学实践，详见图 3-2-2。其中，课程目标包含"认知与理解""技能和过程""价值观和态度"三个维度。学段目标围绕"科学探究""物料世界""生命与生活""能量与变化""地球与太空""科学、技术与社会"六大课程内容主题，从上述三个课程目标维度作出进一步具体设定，注重水平层次性与学段衔接性的体现，亦为单元目标的设定提供参考，详见表 3-2-1。单元目标是对学段目标的具体化，聚焦具体的课程内容，为教学实践指明方向，详见表 3-2-2。

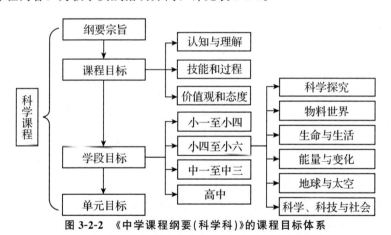

图 3-2-2　《中学课程纲要（科学科）》的课程目标体系

表 3-2-1　《中学课程纲要（科学科）》的学段目标

初中（中一至中三）学段目标	
科学探究	1. 提出假说并设计用以验证假说的方法 2. 计划及推行科学探究 3. 评估实验是否公平，并根据实验结果得出结论

续表

初中(中一至中三)学段目标	
物料世界	1. 了解物理及化学性质 2. 了解如何使用物料及使用物料所产生的相关结果 3. 探究一些化学变化及所涉及的物质
生命与生活	1. 欣赏生命多样性，了解分类系统的基本原理 2. 认识细胞乃生命的基本单位 3. 认识一些生命过程 4. 欣赏及认识生命的诞生，关注青春期生理和心理变化 5. 体会保持身体健康的重要性
能量与变化	1. 比较可供特定用途的各种能源 2. 辨别能量转换过程及影响因素 3. 识别一连串相互作用中能量的转换及其形式 4. 说出观察到的能量受体的变化与所转换能量的数量之间的关系
地球与太空	1. 了解地壳是有用的矿物资源 2. 说明重力及摩擦力对地球上物体运动的影响 3. 了解太空旅程的基本概念及条件
科学、技术与社会	1. 了解物料的发展对我们生活和环境的影响 2. 认识人类活动对环境的影响 3. 尽责保护环境 4. 认识科学及科技的局限性

表 3-2-2 《中学课程纲要(科学科)》的学段目标

第五单元"能量"	
课程目标	单元目标
知识与理解	明白能量以不同形式存在 说出焦耳(J)和千卡(kcal)是能量的单位 明白不同形式的能量和相互转换 明白一些能量转换的常见例子(如光合作用等) 明白能量是守恒的 明白能量转换的效率为：效率 $= \dfrac{\text{有效的能量输出}}{\text{能量输入}} \times 100\%$ 明白影响传导、对流和辐射的因素 明白化石燃料是不可再生的能源

续表

课程目标	单元目标
技能和过程	以图像表达能量在转换过程中是守恒的 辨认不同的热传递过程：传导、对流和辐射 列举应用传导、对流和辐射的例子
价值观和态度	知道使用化石燃料所引起的关注（如污染问题等） 明白发展其他能源（如太阳能、核电等）的需要 知道使用不同能源（如风力发电等）所引起的关注 明白在日常生活中需要节约能源

三、课程内容

课程内容是《纲要》的重要组成部分，共包括"科学探究""物料世界""生命与生活""能量与变化""地球与太空""科学、技术与社会"六大领域范畴。针对不同年级，《纲要》分别以主题单元的形式设置了对应上述六大领域的具体课程内容，详见表 3-2-3。课程内容分为十四个单元，涵盖六大领域范畴所包含的科学教育理念。各单元内容分为核心部分与拓展部分两部分加以设计，旨在观照不同学习水平的学习者的学习需求。其中，核心部分涵盖所有学生应习得的科学概念，以便整体提升他们的科学素养；而拓展部分则包括更为广而深的科学知识，适合能力水平较高、有意向在高中修读理科课程的学生学习。值得注意的是，拓展部分的开设可有所不同，应依据各学校和班级的具体情况，根据学生的学习能力开展，满足不同学习需求、学习兴趣。

表 3-2-3 《中学课程纲要（科学科）》的课程内容

年级（中一至中三）	单元
中一年级	单元一：科学入门
	单元二：水
	单元三：观察生物
	单元四：细胞、人类生殖与遗传
	单元五：能量
	单元六：物质的粒子观

续表

年级（中一至中三）	单元
中二年级	单元七：生物与空气
	单元八：电的使用
	单元九：常见的酸和碱
	单元十：环境的察觉
	单元十一：力和运动
中三年级	单元十二：健康的身体
	单元十三：从原子到材料
	单元十四：光、颜色和光谱以外

四、实施建议

课程实施即教学活动的组织与开展，是落实课程目标的关键环节。与课程目标逐步具体化的思路相一致，《纲要》指出教学活动的组织与开展也应渗透和体现逐步具体化的教学目标。为此，《纲要》将课程目标三大维度进一步细化，为相应教学活动的组织和开展提出了课程实施建议。如"技能和过程"维度的课程目标细化为以下十个方面：仔细观察能力、分类能力、准确度量能力、正确及安全操作仪器能力、传意能力、据观察结果及实验数据进行推论能力、预测能力、提出假设能力、阐释数据能力、控制变数能力。基于对教学目标实现效能的合理预估，对十种"技能和过程"维度的课程目标进行拆分、组合，并以其为导向来设计和组织具体的教学活动，详见图 3-2-3。

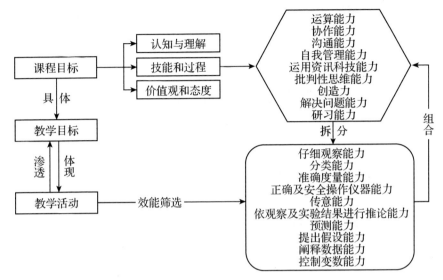

图 3-2-3　《中学课程纲要（科学科）》的实施建议

第三节　澳门《自然科学基本学力要求》

回归祖国后，澳门特区政府于 2002 年开始启动澳门教育制度的改革与修订工作，先后于 2003 年和 2004 年颁布《持续进步，发展有道——澳门教育制度修改建议》和《〈澳门特别行政区教育制度〉法律草案咨询意见稿》，并采用多种途径与方式，广泛倾听和收集市民及社会各界关于基础教育建设的意见建议。2006 年，《非高等教育制度纲要法》获得立法会通过，并于 12 月 31 日正式颁布，澳门就此揭开了学校课程改革的序幕，开始着手编制各学段、各学科领域的课程框架及"基本学力要求"。① 2009 年，澳门特区教育暨青年发展局颁布《澳门中小学自然科学教育专项评估报告》，在充分汲取相关评估建议后，初、高中学段的《自然科学基本学力要求》分别于 2013 年和 2014 年正式发布。《自然科学基本学力要求》主要包括基本理念、课程目标、基本学力要求三大部分，本节主要围绕初中学段《自然科学基本学力要求》进行解读与分析。

---

① 郭晓明. 回归以来澳门教育制度的变革[J]. 全球教育展望，2009(5).

一、基本理念

初中学段《自然科学基本学力要求》(以下简称《基本学力要求》)的基本理念指初中阶段自然科学课程发展的基本思想、价值、功能及发展方向的定位。在大力倡导"提高国民科学素养"的教育理念背景下，澳门特区紧随国际、国内步伐，试图在自然科学教育改革中与国际、国内接轨，谋求科学教育改革的本土化发展，以符本地社会之需。《基本学力要求》强调：初中教育阶段的自然科学课程形式可以是分科的，也可以是综合的，而无论采取何种课程形式，培养学生的科学素养都应是该阶段自然科学教育的中心目标。[①]

《基本学力要求》认为，自然科学教育的基本理念首先要立足学生的个人发展，在小学常识课的基础上，提高科学素养之水准，使学生具有现代生活及未来社会发展所需的科学素养；其次要注重学科联系，理解科学、技术、社会与环境之间的联系，以使学生关注生态、资源和环境问题；再次要注重教学方式多元化，倡导科学探究式教学，让学生经历探究过程，以培养学生科学探究能力；最后要改善评估方式，建构多元化、发展性的评估体系，以促进学生在知识与技能、科学探究能力与精神及情感态度、价值观等方面的全面发展，科学素养的基本构成详见表 3-3-1。

表 3-3-1　科学素养的基本构成

维度	内容	基本学力要求
科学内容	科学知识、概念的理解与应用	·立足学生个人发展，提高科学素养水准
科学过程	科学方法与技能	·注意学科联系，理解科学、技术、社会和环境之间的关系
科学认知	科学探究过程和能力	
	科学态度与价值观	
	科学、技术、社会和环境之间关系	·宣导科学探究，注重教学方式的多样化
	科学本质的理解	·改善评估方式，促进学生发展

[①]　苏朝辉，等.澳门课程改革背景、取向与展望[J].全球教育展望，2009(5).

基于对 PISA 测试中科学素养结构维度的分析与研究，可知科学素养主要由科学内容、科学过程及科学认知三个要素构成，其中涵盖六方面内容：（1）科学知识、概念的理解与应用；（2）科学方法与技能；（3）科学探究过程和能力；（4）科学态度与价值观；（5）科学、科技、社会和环境之间的关系；（6）科学本质的理解。鉴于此，《基本学力要求》的基本理念基本符合 21 世纪科学教育改革趋势，重点强调以下四点：其一，提高学生科学素养水准；其二，注重科学、技术、社会、环境（STSE）之间关系的教育；其三，强调科学探究式教学；其四，进行多元评价，促进全人发展。不过，《基本学力要求》对科学素养的具体呈现上存在一定不足：在整体阐释层面，表达描述的概括性强，欠缺对科学素养各维度内容细节上的传达；在科学方法、技能及态度层面，并未具体阐明何为科学态度以及科学方法与技能包括哪些方面；在科学本质层面，尚未有相关内容的提及。

二、课程目标

在初中学段《自然科学基本学力要求》颁布之前，与澳门义务教育阶段初中科学课程直接相关的课程文件是澳门特区在 1999 年颁布的《初中物理及自然科学试行大纲》（以下简称《试行大纲》），其中的课程目标主要包括三个方面，即"知识""技能""态度"。相较而言，《基本学力要求》在课程目标的维度划分上并没有大的变化，但在具体内涵上做出了相应调整，两版课程目标的概括与比较详见表 3-3-2。

表 3-3-2 澳门两版科学课程标准的课程目标比较

维度	具体内容	
	《试行大纲》（1999）	《基本学力要求》（2013）
知识层面	·能够认识周围环境及事物与科学之关系 ·能够认识一些重要的基本科学概念和定律，并能应用于日常生活中 ·能够认识一些科学实验仪器的用途	·理解基本的科学知识，能用相关科学概念和原理解释一些常见的自然现象 ·能够认识科学探究的意义和基本过程

续表

维度	具体内容	
	《试行大纲》(1999)	《基本学力要求》(2013)
技能层面	· 能学会操作一些基本的科学实验工具 · 能运用一些实验技术与方法 · 能收集、分析资料并作出推论 · 能以科学方法对事物作出观察与评估 · 能有创造性地思考与活动	· 学会一些基本的科学方法和技能，可以解决一些与科学有关的实际问题 · 增进对科学探究的体验，发展初步的探究能力
态度层面	· 具有环保意识 · 能对科学产生兴趣 · 能在参与团体活动时，遵守规则，尊重他人意见及领导小组工作 · 能以客观态度分析事物 · 具有探索及批判事理的精神	· 保持并发展对自然现象的好奇心、求知欲，增强对科学学习的兴趣 · 逐步养成勤于思考，敢于质疑，严谨求实，乐于实践，善于合作等科学精神 · 了解科学、科技、社会、环境之间的关系，关注与科学有关的社会议题，初步形成主动参与社会问题讨论的意识 · 了解科学本质，初步形成应用科学的知识、方法和态度去看待和解决个人与社会问题的意识

在知识层面，相比于《试行大纲》，《基本学力要求》的科学知识深度明显降低，内容广度明显加强，并强调科学探究对于学习相关知识的重要性；在技能层面，《试行大纲》更注重操作技能的训练，并未充分体现科学探究的基本过程，而《基本学力要求》则明确指出要增进学生对科学探究的体验，发展探究能力；在态度层面，《试行大纲》虽强调"环保意识"和"科学兴趣"，但没有明确涉及科学本质和科学、技术、社会、环境间的关系，《基本学力要求》则明显弥补了这些缺憾。可见，澳门特区对科学课程目标的设定是与时俱进、有所改善的。①

---

① 自然科学基本学力要求[S]，2013.

三、基本学力要求的具体内容

《基本学力要求》的具体内容是对学生在完成初中教育阶段自然科学课程规定内容的学习后，所应具备的科学素养的具体要求。因而，这些具体要求均关涉具体的科学课程内容，其行文表述上一般包含行为主体、行为动词、表现程度的副词、行为条件及行为表现五大基本构成要素。表 3-3-3 是对《试行大纲》和《基本学力要求》所涉及的主要科学课程内容的概括。

表 3-3-3　两版科学课程标准的课程内容比较

《试行大纲》(1999)		《基本学力要求》(2013)	
物理部分	热学、电学、力学、声音和光	科学探究	科学探究理解、科学探究能力
化学部分	物质结构、化学反应、溶液、酸、碱和盐	物质科学	生活中的各类物质、物质属性和结构、物质的运动和相互作用、能量和能源
生物部分	生物分类、感觉器官、细胞结构、消化系统、生殖、生物的呼吸作用及光合作用	生命科学	生物体的结构、生物的生命活动、人体与健康、生态与进化
地球科学部分	大气及水、地球的资源	地球与太空科学	我们的地球、宇宙的构成

从中可以看出，科学课程内容表现出明显的综合化倾向，体现出澳门特区科学课程改革正逐渐与国际、国内接轨，符合综合科学课程改革的时代趋势。具体而言，在《试行大纲》中，课程内容几乎完全以分学科为中心，且只有"地球科学部分"的"大气及水""地球的资源"两个专题涉及科学与社会的关系，其他专题直接来源于单一学科内容。至于科学探究与科学本质的理解，《试行大纲》并未专门设置课程内容板块。而在《基本学力要求》中，课程内容一改分科形式，以综合化方式编排，有利于学生科学素养水准的提升。另外，还增加了"科学探究"专题，强调其不仅是一种教学形式，更是课程内容的重要组成部分。在其他专题中，不仅涉及科学与社会间的关系，而且将其拓展到科学、技术、社会和环境之

间的相互影响，有利于培养初中学生的科学态度与正确的价值观。同时，四大专题的编排均有利于学生对科学探究和科学本质的理解，内容广度与深度也大致符合学生的理解程度，有助于初高中科学课程内容的衔接递进。

第四节　台湾《自然与生活科技学习领域》

20 世纪 80 年代末，在全世界倡导高科技产业文化的背景下，我国台湾地区掀起了一场以"课程统整"为主要取向的义务教育课程改革。1998 年，台湾地区公布了《国民教育阶段九年一贯课程总纲》，明确提出了 5 项基本理念、10 大课程目标、10 项基本能力和 7 大学习领域，目的在于全面变革台湾地区实施多年的教育体制与教学方法。[①]《自然与生活科技学习领域》(以下简称《自然纲要》)即是此次变革在科学教育领域的成果，于 2003 年首次颁布，并于 2008 年进行了修订完善。本节主要从基本理念、课程目标、课程内容三个方面对《自然纲要》进行解读与分析。

一、基本理念

《国民教育阶段九年一贯课程总纲》[②]教育基本理念包括：(1)人本情怀方面，包括了解自我、尊重与欣赏他人及不同文化等；(2)统整能力方面，包括理性与感性之调和、知与行之合一、人文与科技之整合等；(3)民主素养方面，包括自我表达、独立思考、与人沟通、包容异己、团队合作、社会服务、负责守法等；(4)本土与国际意识方面，包括乡土情、爱国心、世界观等；(5)终身学习方面，包括主动研究、解决问题、信息与语言之运用等。这一课改理念符合时代潮流，体现了现代教育"以人为本"的思想，寄希望于通过打破先前"以学科为主体，以知识为主线"的课程体系，更加注重全人发展，注重科学与人文素养培育和国际视野拓展。可见，这一基本理念与当前国际课程改革注重人的发展及综合素养提升的趋势基本一致。[③]

---

① 冯增俊. 中国台湾中小学课程世纪变革探析[J]. 教育科学，2005(2).
② 国民教育阶段九年一贯课程总纲[Z]，1998.
③ 谭利佳. 台湾义务教育课程改革及其启示[J]. 世界教育信息，2014(15).

《自然纲要》指出："自然、科学、技术三者一脉相连、前后贯通，我们应对其有四点基本的认识，我们将依据以上的四点基本认识来规划课程。"[①]这四点基本认识包括：(科学课程)应为基本课程；应以探究和实践的方式来进行，强调手脑并用、活动导向、设计与制作兼顾及知能与态度并重；应该重视培养科学与技术的精神及素养；应以学习者的活动为主体，重视开放架构和专题本位的方法。可见，这"四点基本认识"不仅与《总纲》的基本理念相一致，且体现出对学生内化科学知识、提升专业技能、加强科学探究能力、培养科学态度四个层面的关注，有利于学生独立思考、自主学习，培养学生主动探究、团队合作及终身学习能力，有利于学生包容开放、保护生态文明等情感态度与价值观的形成，促进学生科学素养水平的提高。

二、课程目标

为贯彻与落实上述基本理念，《自然纲要》确立了以下六大课程目标：(1)培养探索科学的兴趣与热忱，并养成主动学习的习惯；(2)学习科学与技术的探究方法及其基本技能，并能应用所学于当前和未来的生活；(3)培养爱护环境、珍惜资源及尊重生命的态度，以及热爱本土生态环境与科技进步的情操；(4)培养与人沟通表达、团队合作以及和谐相处的能力；(5)培养独立思考、解决问题的能力，并激发创造潜能；(6)察觉和试探人与科技的互动关系。

在上述六大课程目标基础上，《自然纲要》还制定了与之对应的更为细致的学段能力指标，共8个主项目，22个次项目。其中，8个主项目分别为：(1)过程技能：增进科学探究过程之心智运作能力；(2)科学与技术认知：科学概念与技术的培养训练；(3)科学与技术本质：对科学是可验证的、技术是可操作的认识；(4)科技的发展：了解科学如何发现与技术如何发展的过程；(5)科学态度：处事求真求实、喜爱探究之科学精神与态度、感受科学之美与影响力；(6)思考智能：资讯统整、对事物能够做推论与批判、解决问题等整合性的科学思维能力；(7)科学应用：应用科学知识以及探究方法以处理问题的能力；(8)设计与制作：能运用个人与团体合作的创意来制作科技的产品。《自然纲要》对四个学段(第一学

---

① 　自然与生活科技学习领域[S]，2003.

段为 1～2 年级，第二学段为 3～4 年级，第三学段为 5～6 年级，第四学段为 7～9 年级）相应的能力指标进行了具体的规定与描述。①

三、课程内容

《自然纲要》围绕 5 大学习领域规划与组织课程内容，这 5 个学习领域分别为：自然界的组成与特性、自然界的作用、演化与延续、生活与环境、永续发展。其中，"自然界的组成与特性"领域下设"地球的环境""物质的组成与特性""地球上的生物""生物的构造与功能"四个主题；"自然界的作用"领域下设"改变与平衡""交互作用"两个主题；"演化与延续"领域下设"生命的延续""地球的历史"两个主题；"生活与环境"领域下设"创造与文明""生活中的科技""环境保护"三大主题；"永续发展"领域下设"保育""科技与人文"两大主题。从课程内容主题设置不难发现，《自然纲要》在课程内容编排上，强调自然世界的普遍联系性和内在统一性。以"改变与平衡"这一学习主题为例，该部分整合了 10 个重要的具体科学概念，如"动物体内的恒定性与调节""化学平衡""温度与热"，等等，物理、化学、生物学科的内容均有涉及。另外，如"科技与人文"主题，也围绕社会生活中与科技相关的议题展开，从中嵌入科学概念、原理、方法等科学知能的教学，也有利于以整合的方式培养学生的科学素养。

---

① 自然与生活科技学习领域(修订)[S]，2008.

第四章　科学教材的国际审视

本章将对国际上部分国家的科学教材展开考察与剖析，包括美国《科学探索者》教材、澳大利亚《科学焦点》教材、新加坡《科学材料》教材。考察与剖析的基本思路为：先分析教材的整体结构与特色，然后分析教材的栏目设置与编排特点。

第一节　美国《科学探索者》

现行的美国学制体现了统一性与多样性结合的特点。美国的基础教育阶段为 12 年，其中初中阶段一般为 3 年。具体的学段设置、教学科目安排、教材使用等，各州以及各学校拥有充分的自主权。美国的《科学探索者》(*Science Explorer*)教材是较为主流的初中综合科学教材，受到美国 50 个州 4200 所学校的普遍采用，被誉为美国最权威的研究型科学教材。[①] 该教材由美国的 Padilla. M. J. 主编，浙江教育出版社于 2010 年引进出版了该教材的中文简体字版。

一、《科学探索者》的整体结构

美国《科学探索者》教材共分为 16 册，具体为《从细菌到植物》《动物》《细胞与遗传》《人体生理卫生》《环境科学》《地球内部》《地表的演变》《地球上的水》《天气与气候》《天文学》《物质构成》《化学反应》《运动、力与能量》《电与磁》《声与光》《科学探究》。各册教材所包含的章节内容如表 4-1-1 所示。

---

① 崔鸿. 初中科学教材难度国际比较研究[D]. 武汉：华中师范大学博士学位论文，2013.

表 4-1-1　《科学探索者》教材的册名及章节内容

从细菌到植物	动物	细胞与遗传	人体生理卫生
1. 生物	1. 海绵动物、腔肠动物和蠕虫	1. 细胞的结构与功能	1. 人体
2. 病毒和细菌	2. 软体动物、节肢动物和棘皮动物	2. 细胞的活动与能量	2. 骨骼、肌肉和皮肤
3. 原生生物和真菌	3. 鱼类、两栖动物和爬行动物	3. 遗传学：一门关于遗传的科学	3. 消化与吸收
4. 形形色色的植物	4. 鸟类和哺乳动物	4. 现代遗传学	4. 物质循环
5. 种子植物	5. 动物行为	5. 演化简史	5. 呼吸与排泄
			6. 战胜疾病
			7. 神经系统
			8. 内分泌系统和生殖系统
环境科学	地球内部	地表的演变	地球上的水
1. 生物种群与群落	1. 板块构造	1. 描绘地表	1. 地球：水的星球
2. 生态系统与生物群落	2. 地震	2. 风化与土壤的形成	2. 淡水
3. 生物资源	3. 火山	3. 侵蚀与沉积	3. 淡水资源
4. 土地与土壤资源	4. 矿物	4. 穿越地质时代的旅行	4. 海洋运动
5. 空气与水资源	5. 岩石		5. 海洋区域
6. 能源			
天气与气候	天文学	物质构成	化学反应
1. 大气	1. 地球、月球和太阳	1. 了解物质	1. 化学反应
2. 天气要素	2. 太阳系	2. 物质的变化	2. 原子和化学键
3. 天气类型	3. 恒星、星系和宇宙	3. 元素和元素周期表	3. 酸、碱和溶液
4. 气候与气候的变迁		4. 碳化学	4. 探索材料

续表

运动、力与能量	电与磁	声与光	科学探究
1. 运动	1. 磁和电磁学	1. 波	1. 科学的本质
2. 力	2. 电荷和电流	2. 声音	2. 科学家的工作
3. 流体力学	3. 电和磁做功	3. 电磁波	3. 工程与技术
4. 功与机械	4. 电子学	4. 光	
5. 能与功率			
6. 热能与热量			

可见，《科学探索者》教材涵盖了生命科学、地球与空间科学、物质科学以及综合科学四大领域，在整体内容的编排设计上符合美国《国家科学教育标准（NSES）》的要求。其中生命科学领域分为《从细菌到植物》《动物》《细胞与遗传》《人体生理卫生》《环境科学》五册教材进行讲述，地球与空间科学领域分为《地球内部》《地表的演变》《地球上的水》《天气与气候》《天文学》五册教材进行讲述，物质科学领域分为《物质构成》《化学反应》《运动、力与能量》《电与磁》《声与光》五册教材进行讲述，综合科学领域由《科学探究》这册教材进行讲述。教材编写将科学课本知识与生活实际紧密联系，重视学生科学素养与科学技能的培养。

二、《科学探索者》的整体特色

（一）强调跨学科性

跨学科性是美国《科学探索者》系列教材的一大特色。科学是综合性学科，全面涉及物质科学、生命科学、地球与空间科学等不同领域中的知识内容。《国家科学教育标准》也在对美国科学教材的编写要求中，明确强调跨学科观念的深入。[①]《科学探索者》系列教材以符号重点标注出体现学科知识融合的内容，体现了对跨学科教育理念的重视。整套教材共有两种情况出现符号：一种是教材整节内容都具有学科综合的属性，通过左上角的相关图文加以区别，学科综合章节同时也会在教材的目录中得到体现；另一种是教材正文或练习题中涉及学科综合情况，在相关内

[①]　National Science Council. *National Science Education Standards*. Washington D. C. : National Academy Press，1996.

容前也有相应的图文标注。

教材中科学学科之间的综合所涉及的领域十分广泛，包括与环境科学的综合，与物理学的综合，与健康科学的综合，与技术科学的综合，与地球科学的综合，与化学的综合等等。以《天气与气候》一册为例，教材中四个章节均涉及学科综合知识。第一章第二节"空气质量"是与环境科学的综合，第二章第二节"热量传递"涉及了与物理学的综合，第三章第三节"洪水"则体现与健康科学的综合，第四章第四节"大气的全球变化"涉及与环境科学的综合。学科间的相互融合教学，更好地将科学各学科紧密联系起来，有利于学生建构起综合不同学科要点的完善的知识体系。

(二)重视科学探究

对科学探究的重视是美国《科学探索者》系列教材的另一大特色。教材主要从两个方面培养学生正确的科学探究观念。一方面，以各式各样的栏目引导学生在知识的学习过程中，锻炼科学探究能力(下一部分详述)；另一方面，各册教材的正文展示了对科学探究理念的传达。以《科学探究》一册第一章第二节的"科学探究"为例，教材借助"科学探究就是指科学家研究自然界的各种方法和根据他们所收集的证据提出解释的过程。从科学的角度来说，假设必须是可检验的。这就意味着研究者必须能够进行一系列的调查研究和收集事实依据来支持或否定某个假设"等文字的表述，向学生解释了科学探究以及探究过程中不同阶段的内涵，传达了科学探究的相关理念。教材还介绍了一般科学探究过程所涵盖的基本环节：提出问题，形成假设，设计实验，收集资料和分析数据，得出结论，相互交流。教材以文字和图像表征的方式，生动地呈现了科学探究过程，向学生传递了科学探究的思想，并在正文中详细介绍了科学探究过程中各环节的重要步骤与重点知识。

三、《科学探索者》的栏目设置

美国《科学探索者》系列教材的栏目设置十分丰富，种类多样。栏目与教材的正文内容相呼应，能较好地帮助学生巩固学习的科学知识，拓宽视野，开展探究性学习，锻炼学生的动手能力。

美国《科学探索者》系列教材通过各式各样的栏目创设学习情境，具体分析如下：

• 走近科学：美国《科学探索者》系列教材十分重视对学生的职业教育，作为每册教材的开篇内容，通过对科学家的生平事迹与科研工作的介绍，或者以问答形式呈现的与工作者之间的对话，让学生了解相关职业的工作。

• 课题：作为教材每章的前言内容，"课题"导入该章节的学习任务，制订学习计划，贯穿整个章节的学习。

• 探索：在美国《科学探索者》教材中，"探索"栏目以两种形式存在。一种是作为教材每节的导入环节，引导学生思考与该节课相关的问题，创设该节内容的学习情境。另一种是讲述一些研究性课题的探索活动，引导学生更深入地探究科学。

• 阅读指南："阅读指南"带领学生厘清该节内容的学习重点，帮助学生把握学习内容。

• 增进技能：对学生进行计算、画图等专业技能的训练。

• 试一试：进行活动，让学生巩固学习过的知识。

• 想一想：将学习过的知识运用到实际生活中，对课本的知识进行巩固训练。

• 阅读 DIY：通过让学生写广告词，创生词语等活动，培养学生的创造力。

• 链接：介绍与文章内容相关的社会研究、语言艺术、视觉艺术等综合知识，开阔学生视野。

• 科学与社会：介绍科学与社会的相互影响，让科学更贴近社会生活。

• 科学与历史：介绍历史中影响科学发展的重要人物与相关事迹，让学生了解科学的发展。

• 检查进度：每节课程内容的结束部分，"检查进度"栏目的设置让学生更好地将一章的计划分解为若干个小任务来完成。

• 身边的科学：联系生活，将学习过的知识进一步地拓展延伸。

- 技能实验室：通过完整的实验过程，让学生学习实验技能，掌握实验方法。

- 生活实验室：实验取材于生活，让科学与生活紧密联系起来。

- 学习指导：在每章的最后，"学习指导"罗列了各节的知识要点与关键概念，并提供相关网络学习资源，便于学生查漏补缺，总结复习。

- 学习评估：每章的复习题最后部分，设置"学习评估"栏目，对整章学习进行总结，并布置实践活动任务。

- 综合探索：将科学、数学、社会研究、语言艺术等方面内容联系起来，进行科学探究活动。

- 技能手册：罗列各种各样的科学技能，系统地为学生提供技能学习材料。

- 实验室安全守则：通过实验室安全守则的学习，提升学生的实验安全意识，保护师生的人身安全。

四、《科学探索者》的栏目特色

美国《国家科学教育标准（NSES）》强调科学探究，视科学探究为科学学科与科学学习的核心。学生经历科学探究过程，掌握各项技能如观察、实验、推理、分析等，与此同时也加深对科学以及科学探究的理解。在美国《科学探索者》系列教材的栏目设置中，科学探究的理念得到了很好的体现。教材以各种各样的栏目引导学生在知识学习过程中，锻炼科学探究能力；另一方面，各册教材的正文均融合了科学探究理念。以《科学探究》这册教材第一章第二节"科学探究"为例：

一方面，通过"阅读指南"栏目，向学生提问："什么是科学调查？提出可测性假设的依据是什么？科学理论与科学定律有什么区别？"引导学生进行探究思考。

"探索活动"栏目（如图 4-1-1 所示）请老师为学生分发两枚鸡蛋与两个装满水的烧杯，在每个烧杯中各放入一枚鸡蛋，观察所发生的现象。学生观察，并描述将会发生的现象，根据现象提出三个问题，思考如何寻找这些问题的答案。

图 4-1-1　《科学探索者》中的"探索活动"示例

通过"技能训练"栏目，让学生思考下列哪些问题可以通过科学探究找到答案。如"跑步运动比游泳运动更好吗？跑步运动比游泳运动更能使你的肌肉强壮吗？哪个品牌的跑鞋看上去更佳？"又如"请你设计一个测定盐和糖哪种物质在水中的溶解速度更快的实验方案，并说明实验中选择的自变量、因变量和需要控制的其他变量。"

通过"想一想"栏目，引导学生思考"在提出问题的过程中，好奇心扮演了怎样的角色？什么是假设？什么是自变量？什么是资料？为什么科学探究的过程不一定非要遵循固定不变的操作程序？对科学家而言，为什么相互交流是重要的？科学定律描述的是什么？"学生通过思考回答问题，提升思维能力。

通过"试一试"栏目，"设计一个实验方案来测定哪个下落得最快：取三张相同的纸，一张未叠、一张折成四叠，还有一张揉皱。首先要提出假设，然后设计一项对照实验并收集数据资料，让学生分析判断其数据是否支持假设。"学生设计实验进行探究，锻炼学生的动手能力、实验设计能力。

此外，美国《科学探索者》系列教材十分重视对学生的职业教育，因此其中融入对社会各职业的介绍也是一大特色。每册教材开篇部分的"走近科学"栏目，都会对一种职业进行介绍。所选择的职业与每册教材的主题内容息息相关。整套教材涉及职业种类繁多，有营养师、太空电气工程师、发明家、地质学家等。"走近科学"栏目的呈现主要有两种形式，一种是概述工作者的生平故事，再以对话形式介绍职业相关的工作内容，如通过亚历克斯·马丁内斯的生平事迹介绍营养学家的工作内容；另一种是先概述工作者的生平故事，再以小标题的形式分块呈现相关职业的工作内容，介绍该领域的相关知识，如通过卡罗尔·普伦蒂斯博士的故事，介绍地质学家的工作内容和地质领域的相关知识。

第二节　澳大利亚《科学焦点》

澳大利亚开设综合科学课程已有数十年历史，所使用的综合科学教材主要是培生教育出版集团澳大利亚公司于 2004 年开始出版的《科学焦点》丛书。[①]

一、《科学焦点》的整体结构

《科学焦点》(Science Focus)丛书适用于澳大利亚 7～10 年级学生，共四册，每册教材 300 页左右，分为九章内容，每个章节至少涵盖一个科学焦点领域。《科学焦点》教材注重通过创设情境，带领学生进入科学世界，将科学知识与学生生活实际紧密结合。《科学焦点》系列教材的具体章节内容如表 4-2-1 所示。

表 4-2-1　《科学焦点》的具体章节内容

科学焦点 1	科学焦点 2	科学焦点 3	科学焦点 4
1. 做一个科学家	1. 科学技能	1. 周期表	1. 化学反应
2. 固体、液体和气体	2. 原子	2. 化学反应	2. 材料
3. 混合物和它们的分离	3. 微生物	3. 宇宙的起源	3. 电学
4. 细胞	4. 身体系统	4. 光	4. 遗传学
5. 热、光和声	5. 电	5. 易碎的外壳	5. 运动
6. 分类	6. 生态学	6. 繁殖	6. 健康与疾病
7. 力	7. 植物系统	7. 生态系统中的能量	7. 进化
8. 地球和空间	8. 天文学	8. 感觉和控制	8. 全球性问题
9. 我们的行星——地球	9. 团队研究项目	9. 简单的机械技术	9. 独立研究项目

---

① 熊春华．澳大利亚中学科学教材 Science Focus 的分析研究[D]．武汉：华中师范大学硕士学位论文，2006.

有学者指出，澳大利亚的《科学焦点》教材结构层次鲜明，有利于学生的高效学习。[①] 首先，教材在每一章的起始部分说明本章所属的领域，例如：科学应用、科学实践、科学本质等，让师生更清楚地了解章节的重点；其次，教材会列出本章学习目标，有助于学生根据目标调整学习计划，同时还详细地列出了基本目标与附加目标，辅助学生循序渐进地完成学习任务。这样不仅能让学生更好地学习本章节的知识，还能让学生了解本章节在整个科学课程体系中的位置，从而更好地把握科学知识，理清科学知识结构。从教材章节的具体内容分析中可以看出，其体系是通过主题单元的形式构建的，共分为四册，每册 9 个主题单元，整套教材包含 36 个主题单元。教材每章的内容结构如图 4-2-1 所示。在教材每章节的开头部分，都标注了该章主要涉及的焦点领域，提出在本章节学生的目标成果，并给出前测题目。在各个单元中，教材以上下文情境导入，并在学生学习完本单元内容后给出一系列题目，让学生巩固学习过程的知识；之后的扩展问题可以进一步探索和分配作业，包括各种结构化的任务，如适用于所有学生的研究、创作、互联网活动；最后教师可自主选择布置实践活动，拓展学生能力。

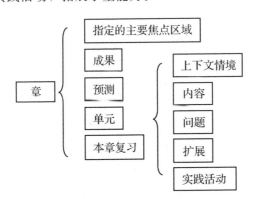

图 4-2-1　《科学焦点》的章节内容结构

二、《科学焦点》的整体特色

《科学焦点》教材在每册教材开篇都会对本教材的特点进行整体介绍：

- 每一章列出关键规定的焦点区域。

---

① 谢娅，等 . 澳大利亚初中科学教材的特点[J]. 物理教学探讨[J]，2013，31(07).

- 用学生更容易理解的方式呈现结果。
- 通过预设问题激发学生兴趣并测试学生已有知识。
- 每单元创设一个"上下文情境"鼓励学生运用日常生活经验来理解科学。
- 每个主要焦点区域都有一个特殊功能，就是通过"上下文情境"聚焦该领域的成果。
- 每一个单元以一系列问题结束。
- 扩展问题可以进一步探索和分配作业，包括各种结构化的任务，如适用于所有学生的研究、创作、互联网活动。
- 问题之后紧随实践活动。
- 每章的最后一个单元都后附复习题。

教材还介绍了伙伴网站、家庭作业本、教师资源中心、教师资源包等教材配套资源，以供教师与学生更好地运用这套教材。教材也会罗列学生在该册教材活动中用到的动词并给予解释，让学生更好地开展活动。最后，教材还会列出各章内容与课程纲要的对应关系，让师生更好地了解教学任务。

综上所述，本研究认为澳大利亚教材《科学焦点》主要有以下特点：(1)教材编写建立在学生已有知识与学习兴趣之上，符合学生的心智发展规律。教材在每个新章节的起始部分会预设一些问题，通过让学生回答这些问题，激发学生的学习兴趣。教师在了解学生的答案后，基于学生现有的知识水平、认知潜能与学习心理，采取适当的模式进行教学，帮助学生建立新知识与已有知识间的联系。(2)教材知识与实际生活紧密联系，鼓励学生在现实生活中运用所学知识。教材每单元起始部分的"上下文情境"栏目为本单元内容创设一个学习情境，导入新主题的学习。这部分内容将社会实际与现实生活渗透至教学内容中，引导学生学以致用。(3)探究活动形式丰富，注重通过探究过程锻炼学生的专业技能。教材注重让学生在实践中学习，通过角色扮演、实验、小组讨论、调查等实践活动，让学生在观察、实验、创造、描述、分析、交流的过程中锻炼科学探究能力，提升科学素养。除实验相关的技能外，《科学焦点》系列教材也十分重视训练学生的计算能力与读写能力，在教材的相关内容中，锻炼计算能力、读写能力的部分均使用字符着重标明。（4）教材有形式多样的配套资源供教师与学生使用。配套资源主要有伙伴网站、家庭作业本、教师资源中心、教师资源包等。资源呈现形式丰富，包括电子网络、光盘以及文字等，以帮助教师与学生更好地运用这套教材。在拓展栏目中，教材根据需要为学生提供了伙伴网站（www. pearsoned. com. au/schools），并以符号标注。（5）教材编写充分体现了民族特色，有利于增强学生的民族归属感。澳大利亚在教材中十分强调本土特色，在涉及相关内容时会以符号标注加以凸显，引导学生关注澳大利亚的历史与科技发展，增强学生的民族自信心。如在讲述"干细胞"内容时，教材加入了对澳大利亚科学家在该领域的主要观念与成就的介绍。

三、《科学焦点》的栏目设置

澳大利亚《科学焦点》教材中灵活编排了许多特色栏目，如科学焦点、职业简介、角色扮演、教师示范、科学工作者、科学史等，让学生进行多元化的学习。具体栏目设置如下：

• 结果（Outcomes）：这一栏目为学生设立整章的学习目标，明确该章节的学习内容，帮助学生把握该章的重难点，提高学习效率。

• 预测（Pre-quiz）：通过预设问题激发学生学习兴趣，测试学生已有知识，为教师之后的教学提供参考，有利于学生形成知识网络。

• 科学焦点（Science focus）：该栏目在整套教材中以两种形式存在。一种是在正文中出现的小矩形，材料内容较为简短，形式多样。如讲述"原子"这节内容时，用奥林匹克运动场与场上的一颗豌豆的对比，让学生了解原子核之"小"；另一种是附在单元后的补充内容，材料内容较长，资讯丰富；主要是对本单元内容的有关科学研究与进展的介绍，引导学生对教材内容进行更深入的学习研究。

• 职业简介（Career profile）：这一栏目的设置是澳大利亚教材的一大亮点，体现了国家对学生职业教育的重视。教材中介绍了古生物学家、宇航员、气象学家、天文学家等各种职业。材料首先介绍该职业的工作内容及其社会意义，再讲述胜任该职业所需要具备的素质。美国教材在职业教育方面也有较为成熟、完善的考量，在平时的课堂教学中就会向学生传递这方面信息，让学生能够较早地接触、了解不同职业的特点，这对之后的择业有着至关重要的作用。首先，学生能够更加客观地看待各种职业，对各种职业不会存在歧视等不正确的看法；再者，可以对学生自己的职业选择和职业规划起到导向作用，让学生为自己喜欢的职业做好充分的学习准备。[①]

• 角色扮演（Role play）：这一栏目组织学生扮演在各种社会科学、自然科学中的角色，从而让科学知识更生动形象，培养学生处理事务的能力，激发学生的积极性、创造性。教材中角色扮演的活动内容多样，如第一册第二章中的微粒模型、第二册第四章中的备件、第三册第八章中的神经调节。

• 教师示范（Teacher demonstration）：这一栏目在整套教材中的数量较少，设置目的主要是降低实验的危险性，如碘的升华实验过程中产生的碘蒸气是有毒的，因此该实验需要教师示范。还有一些实验需要师生配合一起完成，如在鼓掌实验中，教师需要带领学生，不断增加鼓掌的人数，直至全班一起鼓掌，测量各阶段的噪音分贝。

• 科学工作者（People in science）：这是一个在教材中涉及较多的栏目，该栏目主要通过描述科学工作者的姓名、生卒年份、工作经历以及日常的工作事项，让学生了解科学工作者，增强教材的趣味性，培养学生对科学的热爱。

四、《科学焦点》的栏目特色

与美国的《科学探索者》教材相似，澳大利亚的《科学焦点》教材也特别关注对学生的职业教育，这在其他教材中十分少见。教材中融入职业介绍，有利于增强学生的职业意识，让学生较早地形成职业倾向。如《科学焦点1》中第九章第三节，对古生物学家这一职业的介绍，讲述了古生物学家的工作内容及其社会贡献——古生物学家在沉积岩中发现了动植物的化石，这对我们了解地球上生命的历史意义重大。学生还可以通过查阅相关网站了解化石，也可以在实践活动中挖掘化石。总之，学生可以有机会对化石的历史、化石的信息进行专题性地勘探了解。同时，《科学焦点》教材还介绍了优秀的古生物学家所具备的基本素质——热爱化石，有善于发现细节的眼睛，愿意花精力去投入工作等。在平时的课堂教学中

---

① 谢娅，等．澳大利亚初中科学教材的特点[J]．物理教学探讨，2013，31(07)．

就给学生渗透这方面的介绍，让学生能够较早地接触、了解相关职业生活，对学生之后的择业有着至关重要的作用。

第三节　新加坡《科学材料》

新加坡是一个国土面积小、人口密集、资源匮乏的国家。但在 20 世纪 80 年代迈入世界发达国家行列，成为"亚洲四小龙"之一。新加坡经济的腾飞与教育密切相关，而教材的编写在一定程度上体现了其教育教学的方向，对新加坡科学教材进行分析能给我国的科学教材编写带来借鉴意义。[①] 新加坡的初中科学教材体现了一纲多本的特点，本研究选取《科学材料》(2013 版)科学教材进行具体分析。

一、《科学材料》的整体结构

《科学材料》(*Science Matters*，2013)教材是一套在新加坡普遍使用的教材，由 Marshall Cavendish Education 公司出版。教材共有 A、B 两册，每册有 200 页左右，供七八年级学生使用。教材依据 2013 版新加坡《初中科学课程大纲》编写，[②] 每册非常人性化地在目录后展示了整套教材的主题概念图，帮助学生对整套教材的内容有整体上的把握。除第一章导入章节从总体上介绍科学与科学工作外，教材共分为四个主题，它们分别是：多样性主题、模型主题、系统主题、相互作用主题。每个主题由若干章节组成，在 A 册中讲述前两个主题：多样性主题通过四章内容从物质性质、化学成分、分离技术三个方面揭示物质的多样性，并在最后一章编写了生物的多样性；模型主题通过四章内容介绍了细胞模型、物质模型与光线模型。在 B 册中讲述后两个主题：系统主题通过四章内容带领学生学习生物体的运输系统、人类的消化与有性繁殖系统以及电子系统；相互作用主题涵盖章节相对较多，有六个章节，涉及力、能量以及具体形式的声能与热能、化学变化、生态系统相互作用的内容。与其他几套教材不同，新加坡初中科学教材中不包含地球和宇宙领域的内容，该部分内容主要在地理教材中呈现。整套教材具体章节内容如表 4-3-1

---

① 崔鸿. 初中科学教材难度国际比较研究[D]. 武汉：华中师范大学博士学位论文，2013.

② *Science Syllabus Lower and Upper Secondary Normal (Technical)*. Singapore，2013.

所示。

表 4-3-1 《科学材料》的具体章节内容

A 册		B 册	
主题：多样性	1. 通过物质的物理性质探索其多样性	主题：系统	9. 生物体的运输系统
	2. 通过物质的化学成分探索其多样性		10. 人类的消化系统
	3. 采用分离技术探索物质的多样性		11. 人类的有性繁殖系统
	4. 了解生物的多样性		12. 电子系统
主题：模型	5. 细胞的模型—生命的基本单位	主题：相互作用	13. 力的相互作用
	6. 物质的模型—物质微粒的性质		14. 能量与做功
			15. 声音通过振动传递能量
			16. 热量的传递与效果
	7. 物质的模型—原子和分子		17. 化学变化
	8. 光线模型		18. 生态系统内的相互作用

二、《科学材料》的整体特色

新加坡《科学材料》教材在编写上，在两册教材的开篇部分编排了主题概念图，并在每个章节最后呈现该章节的概念图与之遥相呼应，这是其他几套教材没有设置的。教材通过编排概念图，对知识点进行梳理与构建，引导学生形成概念图和知识网络。主题概念图涵盖了两册教材的四个主题概念，建立章节之间的联系，详见图 4-3-1。章节概念图在主题概念的基础上进行细化，将各章节中的重点知识以图谱形式联系起来。

与澳大利亚《科学焦点》教材相似，新加坡《科学材料》教材也在前言中对教材的整体情况进行了介绍，其中包括对栏目与教材正文两方面内容的阐释。在每一个主题前都有"主题开篇（Theme Opener）"引导学生将主题与日常生活联系起来。"章节开篇（Chapter Opener）"通过创设一个与章节主题相关的情境，让学生进行探索，激发学生的学习兴趣。"探索（Let's Explore）"栏目中列举了相应章节的一系列问题，通过提问的方式引入一章节的学习。在每一节课程中，教材安排了"思考与探索（Think and Explore）""做笔记（Take Note）""科学工作者（Scientist at Work）""链接（Link）""科学小知识（Science Bites）""关键点（Key Ideas）""自我测评

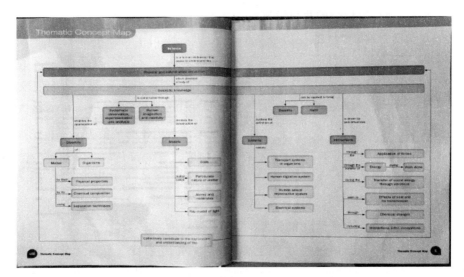

图 4-3-1 《科学材料》教材中的主题概念图

(Test Yourself)"等栏目,在向学生传递知识的同时,通过各种活动培养学生思考能力与动手能力,巩固知识,学习科学家精神。在一章结束时,"图谱(Map It)"将一章中每一节的重点知识联系起来,帮助学生形成知识网络。学生可通过"修正(Get It Right)"栏目自行检查对相应知识的掌握程度,进行查漏补缺。"复习(Let's Review)"栏目以练习题的形式帮助学生巩固学习过的知识。"今日科学(Science Today)"为学生链接了章节相关的趣味科学事件,让学生了解科技前沿知识。

新加坡的《科学材料》教材在章节的"复习(Let's Review)"栏目上的设计别具特色。在题型上,复习题主要以多项选择题与简答题的形式呈现;在难度上,题目共分为三个不同的难度梯度,并以黄、橙、红三种不同颜色加以区分。以 A 册教材第 4 章的复习题为例,该章节共有 8 个复习题,分为两个部分。第一部分为多项选择题,共 3 道;第二部分为简答题,共 5 道。从难度层面上看,该章节的第 1 题至第 5 题难度较低,为学生容易完成的题目,其题号以黄色标明;该章节的第 6 题难度中等,其题号以橙色标明;该章节的第 7、8 题难度较高,为学生较难完成的题目,其题号以红色标明。

三、《科学材料》的栏目设置

《科学材料》教材的栏目设置特色鲜明，样式丰富。具体栏目设置如下：

• 思考与探索(Think and Explore)：通过引导学生回答比教材正文知识难一点的拓展性问题，巩固学生学习过的知识，促进学生更严谨地思考问题并与老师同学交流，锻炼学生的思考与表达交流能力。

• 做笔记(Take Note)：此栏目为新加坡教材的特色栏目，通过为学生提供易错知识点与迷思概念，巩固学生对正确概念的认识。

• 科学工作者(Scientist at Work)：通过介绍著名科学家的研究故事，学习科学家刻苦钻研和求真务实的科学精神。

• 链接(Link)：此栏目为新加坡教材的特色栏目，旨在为学生提供不同章节概念的链接，让不同章节的知识形成知识网络，帮助学生建立教材的知识体系。

• 科学小知识(Science Bites)：通过提供教材正文内容相关的课外知识，激发学生的学习兴趣，拓宽学生视野。

• 关键点(Key Ideas)：此栏目总结罗列了一节内容的重点知识，帮助学生梳理教材知识，方便学生复习。

• 自我测评(Test Yourself)：此栏目通过简短的练习，帮助学生回顾所学知识，加强对知识的理解。

• 图谱(Map It)：在每章结束部分设置章节概念图，将一章中各节重点知识联系起来，帮助学生形成知识网络。

• 修正(Get It Right)：通过为学生提供一些关键概念，引导学生自我诊断掌握情况，并在题目后面附上相关知识所在章节。学生可自行检查对相应知识的掌握程度，进行自我修正。

• 今日科学(Science Today)：此栏目一般占据一个版面，为学生提供章节相关的有趣科学事件，供学生自行阅读，让学生了解科技前沿知识，开阔学生的眼界。

四、《科学材料》的栏目特色

章节图谱是新加坡教材《科学材料》在栏目设置上的亮点，每章结束部分的章节概念图，将一章中的重点知识串联起来，帮助学生梳理知识框架。如 A 册第三章章节图谱——"元素构成物质"中，元素周期表将元素进行编排分类，根据它们的化学性质可分为金属与非金属。多种元素经过化学变化可合成化合物，多种化合物或多种元素可构成混合物。我们可以用"是否能通过物理途径或化学途径将其分开，其成分是否固定，其性能是否与组成部分相同"来区分化合物与混合物。混合物又可以分为溶液与悬浮液，而溶液这一概念又引出溶解度与溶解速率两个知识点，溶解度由溶质与溶剂的性质以及温度决定，溶解速率由溶解物的颗粒大小、搅拌速度以及温度决定，详见图 4-3-2。通过这一知识图谱，第三章的重点内容得到了系统的呈现。

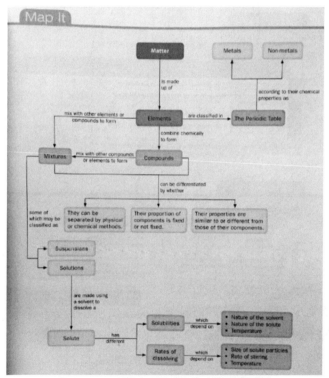

图 4-3-2 《科学材料》A 册第三章章节图谱

2013 版的新加坡《初中科学课程大纲》注重知识与能力并举，在学生学习知识的过程中强调能力的培养，鼓励学生以批判性的眼光看待周围的世界，重视尊重、责任心、正直、关怀、顺应以及和谐的价值。新加坡《科学材料》教材的编写始终贯彻这一理念，并指出适应 21 世纪发展所需要的能力。教材将这种能力分为三个维度，在其中均以符号标注加以凸显，分别是批判思维与创新思维能力、信息与交流能力、公民素养、全球意识和跨文化技能。这些内容主要在"思考与探索"和"今日科学"两个栏目中有所体现，注重锻炼学生科学思维、解决问题的能力，期望将学生培养成关心社会集体、关心环境、有素质、有责任心的公民。

第五章 我国科学教材的本土分析

本章将对我国现行的部分版本科学教材展开考察与剖析，分别是浙江教育出版社版本、华东师范大学出版社版本、武汉出版社版本、上海教育出版社版本。本章聚焦于四版科学教材各自的整体结构与栏目设置，进行系统分析。

第一节 浙教版《科学》教材分析

2013年，浙江教育出版社出版了《科学》(7～9年级)实验教材第1版，由朱清时主编。该教材共有6册，24章内容，每册教材200页左右。

一、浙教版《科学》教材的整体结构

浙教版《科学》教材的设计充分考虑知识体系、社会要求和学生发展三方面因素，以期呈现三者较为平衡的综合科学课程。[①] 浙教版《科学》教材强调自然科学的内部一致性，淡化了物理、化学、生物、地理等学科之间的界限。该教材在编排上从学生的生活入手，再逐层深入探究，最后回归于学生生活。第一册和第二册教材主要内容为了解实验器材、掌握基本科学技能、了解身边的生物与环境、学习宇宙中天体的知识、探索运动与力。第三册和第四册教材从水和水的溶液开始，再到天气与生命活动，电与磁，最后是物质的内部结构，生命与物质的关系。第五册和第六册教材主要内容是物质的变化，物质与能量的转化，生物与环境。六册教材的章节内容如表5-1-1所示。

---

① 黄爱坚. 初中科学教材比较[D]. 武汉：华中师范大学硕士学位论文，2006.

表 5-1-1　浙教版《科学》教材的章节内容

七年级（上）	七年级（下）	八年级（上）
1. 科学入门	1. 代代相传的生命	1. 水和水的溶液
2. 观察生物	2. 对环境的察觉	2. 天气与气候
3. 人类的家园——地球	3. 运动和力	3. 生命活动的调节
4. 物质的特性	4. 地球与宇宙	4. 电路探秘
八年级（下）	九年级（上）	九年级（下）
1. 电与磁	1. 物质及其变化	1. 演化的自然
2. 微粒的模型与符号	2. 物质转化与材料利用	2. 生物与环境
3. 空气与生命	3. 能量的转化与守恒	3. 人的健康
4. 植物与土壤	4. 代谢与平衡	4. 可持续发展

二、浙教版《科学》教材的整体特色

浙教版《科学》教材将自然界作为一个整体进行研究，整套教材以主题单元"存在的自然""演化的自然""人与自然"展开讲述。引导学生从整体上认识自然界以及人与自然的关系，从相对静态地描绘自然到动态地展示自然的演化过程，最后归结到人与自然的相处上。整套教材知识重组跨度较大，整合度高。[①] 每册教材中都包含多个主题，对知识的整合不是通过单纯的拼接，而是在知识本身之间产生联系。

三、浙教版《科学》教材的栏目设置

浙教版《科学》教材的栏目呈现较丰富，注重激发学生的学习兴趣，以及强调对学生科学探究能力与科学素养的训练。其中"科学·技术·社会·环境"（STSE）栏目是浙教版《科学》教材的特色栏目，在本研究所分析的前述四种科学教材中，只有浙教版与华师大版有该栏目的设置。以下是浙教版《科学》教材的具体栏目设置情况：

• 思考与讨论：浙教版《科学》教材中的此栏目是对教材内容的进一步研究，以期锻炼学生的思维能力与交流合作能力。美国《科学探索者》教材中的"想一想"与我国台湾地区《自然与生活科技》教材中的"想想看"，

---

① 李园园. 初中科学教材知识结构体系的比较研究[D]. 武汉：华中师范大学硕士学位论文，2008.

也是这样的目的。

• 读图：教材通过丰富的图片，帮助学生获取知识，引导学生思考问题，锻炼学生的观察能力，使教材更富有趣味性。

• 活动：通过学生动手活动，掌握科学知识，锻炼学生的实践活动能力。

• 实验：此栏目的设置数量在整套教材中相对较少，该栏目完整地介绍了相关实验的实验目标、器材、过程以及讨论内容，指导学生进行探究实验。

• 探究：通过完整的探究实验，引导学生学习实验流程，掌握实验方法，提高实验技能。

• 研究性学习课题：存在于每册教材的结尾部分，每册教材涉及四个研究性学习课题，以较开放的形式呈现，只较为宽泛地提供学生目标与内容，不具体规定研究的细节，培养学生的自主探究能力。

• 阅读：作为教材的拓展性知识，此栏目的设置能让学生获得更丰富的知识，扩大学生的知识面。

• 科学·技术·社会·环境：此栏目是浙教版《科学》教材的特色栏目，将科学、技术、社会与环境巧妙地联系起来，更全面地展现科学图景。

四、浙教版《科学》教材的栏目特色

"科学·技术·社会·环境"栏目是浙教版《科学》教材的特色栏目，教材对这一栏目的设置体现了教材对反映课程标准中"科学、技术、社会、环境"这一领域内容的重视。这一部分内容强调要使学生理解科学、技术、社会和环境相互之间的关系，了解科学对现代社会生活的影响，从而运用科学技术更好地为人类服务；了解人类活动与环境的相互影响，增强学生保护环境的意识，达到人与自然和谐相处的目标。如七年级上册教材第四章第四节"月相"这一内容，通过对钱江潮到来的时间、地点、情景以及形成的原因进行介绍，充分体现了自然环境对人类社会的影响，对学生进行 STSE 教育。浙江省是观看钱塘江大潮的胜地，在编排月相这一节内容时，加入对钱塘江大潮的描写，也体现了浙教版《科学》教材的地方特色教育。

第二节　华师大版《科学》教材分析

2012年，华东师范大学出版社出版了《科学》实验教材第1版，教材由袁运开主编。该教材共有6册，43章内容，每册教材在200页左右，适用于7～9年级学生，是浙江宁波地区专用的科学教材。

一、华师大版《科学》教材的整体结构

在华师大版《科学》教材的七年级上册中，首先是导入性质的"走进科学"，从整体上讲述科学的内涵，并激发学生的学习兴趣。之后通过8个章节，带领学生学习生物的概况以及地球与其他天体。在七年级下册中，首先讲述生命赖以生存的物质条件——水、空气、阳光、土壤，让学生去体会人与自然是一个整体，人与自然应该和谐相处。再从生物体、系统、器官、组织、细胞层层深入，学习动植物、微生物的生殖发育。在八年级上册中，首先讲述物质的相互作用与物质的运动，以及两种特殊形式的力——压力、浮力的相关概念知识，再说明植物体与人体的物质和能量转化，最后从物质的分子、原子、元素以及由它们构成的化学式以及固态物质等逐步认识物质的构成。在八年级下册中，从人体的感官入手，再到一般的电磁现象的规律以及电磁波的应用，第七、第八章主要讲述生命活动的调节以及天气与气候的变化。在九年级上册中，对物质与能量作了进一步的介绍，学习常见的酸、碱、金属、盐以及各种类型的化学反应，在之后的3个章节中讲述了做功与能量以及特殊形式的能量——电能与内能。在九年级下册中，对人、自然与社会都进行了介绍，首先通过3章讲述宇宙和地球的起源与演化，自然界中物质的转化与元素的循环，再转向生物领域，通过2章展示生物的遗传与变异、人的健康与保健，带领学生体会生命的奥秘，最后转向社会的发展，通过2章揭示现代社会十分关注的能源问题以及科学技术给社会带来的影响。整套教材的具体章节内容分布如表5-2-1所示。

表 5-2-1　华师大版《科学》教材的具体章节内容

七年级（上）	七年级（下）	八年级（上）
1. 地球上的生物	1. 水	1. 运动和力
2. 生物的主要类群	2. 空气	2. 压力 压强
3. 生物多样性	3. 阳光	3. 浮力
4. 生物体的结构层次	4. 土壤	4. 植物的物质和能量的转化
5. 地球	5. 生态系统	5. 人体的物质和能量的转化
6. 变化的地形	6. 动物和人的生殖与发育	6. 物质的构成
7. 地月系	7. 植物和微生物的生殖与发育	
8. 星空世界		
八年级（下）	九年级（上）	九年级（下）
1. 声	1. 化学反应	1. 宇宙的起源与演化
2. 光	2. 酸与碱	2. 地球的演化和生物圈的形成
3. 人体的感觉	3. 金属与盐	3. 物质的转化和元素的循环
4. 电与电路	4. 有机物	4. 健康与保健
5. 电与磁	5. 简单机械与功	5. 生物的遗传和变异
6. 电磁波和通信	6. 电能	6. 能源与社会
7. 生命活动的调节	7. 内能	7. 科学与社会发展
8. 天气和气候		

二、华师大版《科学》教材的整体特色

华师大版《科学》教材在活动编排上注重学生的发展，以"活动"和"学生实验"为编写教材内容的线索，注重对学生科学探究能力的培养。教材中的案例选取与习题编写贴近学生生活，引导学生将学习过的知识应用于生活实际。如在八年级上册第二章第三节"大气压强"这一内容中，其课后练习有 4 道：第一道观察吸盘式塑料挂衣钩，用尺子测量计算作用在上面的压力，这道练习将大气压应用于生活中的挂衣钩，并训练学生的计算能力；第二道让学生描述并解释医生用注射器吸药液的过程，向

学生展示大气压在医学方面的应用；第三道根据学习的知识估计珠穆朗玛峰的气压大小，引导学生利用学习过的大气压知识考察生活中的事物；第四道通过引入生活实例"工业制糖"过程中的沸腾蒸发水分现象，考查学生对压强影响液体沸点这一知识的掌握。可见，在这一节的练习题中，4道均涉及大气压在生活生产中的应用，充分体现了华师大版《科学》教材"学以致用"的特点。

三、华师大版《科学》教材的栏目设置

在栏目设置方面，华师大版《科学》教材中的"活动""思考与讨论""科学·技术·社会·环境"栏目，在浙教版《科学》教材中也有一致或类似的设置。华师大版《科学》教材的具体栏目设置如下：

• 活动：在"活动"中，通过学生动手操作，收集整理资料，引导学生理解掌握相关知识。

• 阅读：作为教材正文知识的一个拓展栏目，此栏目带领学生学习课外知识，开阔学生视野。

• 思考与讨论：通过一系列问题的提出，锻炼学生阅读思考能力，从而促进学生掌握教材中的知识。

• 视窗：类似于"阅读"栏目，此栏目的设置也是对教材正文的补充资料，帮助学生理解教材正文中的知识。

• 科学·技术·社会·环境：作为华师大版《科学》教材与浙教版《科学》教材的特色栏目，此栏目的设置旨在引导学生关注科学、技术、社会与环境之间的相互影响，帮助学生树立人与自然和谐相处的理念。

• 小资料：类似于"阅读""视窗"栏目的设置，此栏目供学生补充知识学习。

• 科学家小注：通过对科学家的生平事迹以及研究故事进行介绍，学生学习科学家坚强的意志，艰苦耐劳的科研精神，引导学生形成正确的人生观、价值观。

• 学生实验：完整地提供了相关实验的实验目的、实验准备、实验过程，通过大量篇幅的讲述，引导学生进行实验操作，锻炼学生完整的实验探究能力。

· 探究课题：在呈现形式与内容上，华师大版《科学》教材中的"探究课题"栏目设置于一些章节的结束部分，而非整册教材的末尾，数量更多。该栏目通过创设一个研究情境，引导学生就特定主题进行研究性学习，锻炼学生查找整理资料能力、书面表达能力以及探究学习能力。这与浙教版《科学》教材的"研究性学习课题"栏目相比，既有相似之处，又有不同之处。

· 本章学到了什么：编排在每章的结束部分，通过总结各章的重要知识点，从整体上把握整章的学习内容，帮助学生梳理章节知识，便于复习。

四、华师大版《科学》教材的栏目特色

"科学·技术·社会·环境"栏目是华师大版《科学》教材的特色栏目，体现了对当时科学课程标准中"科学、技术、社会、环境"这一领域内容的重视。这一部分内容强调要使学生理解科学、技术、社会和环境相互之间的关系，了解科学对现代社会生活的影响，以运用科学技术来更好地为人类服务，了解人类活动与环境的相互影响，增强学生保护环境的意识，达到人与自然和谐相处的目标。自然环境、人造环境、社会环境是互相作用的，学生必须将其经验与科学、技术、社会、环境彼此之间交互作用的动态系统有机地结合起来，才能获得适合时代需要的发展。如九年级上册第三章第一节"金属"这一内容中，"科学·技术·社会·环境"栏目以"金属与人类社会发展"为主题，讲述了从原始时期，人们以石头为生产工具，到石器时代，人们开始烧制陶瓷，再到人类运用高温加工技术炼制青铜器，等等。通过图文并茂的表征方式，带领学生体会社会时代变革中，科学技术对人们生活生产、军事等方面带来的巨大影响，体会社会性科学技术的魅力。

第三节　武汉版《科学》教材分析

武汉出版社出版的《科学》实验教材由刘胜祥、崔鸿主编，适用于7～9年级学生。教材共有6册，42章内容，每册教材篇幅在160页左右。

一、武汉版《科学》教材的整体结构

武汉版《科学》教材较好地整合了物理、化学、生物以及地理等学科领域的内容，在编排上打破了学科壁垒，每一年级的学习内容均涉及了科学探究，物质科学，生命科学，地球和宇宙，科学、技术、社会、环境五大领域的内容。在七年级上册中，通过走进科学内容导入教材学习后，首先介绍了水、阳光、空气、土壤四种生命赖以生存的物质条件。紧接着，教材讲述了人类的家园——地球以及其他天体。最后教材编写了自然界中的生物与人类，并介绍了人类健康的生活方式。通过七年级上册的学习，学生对自然界有了一个感性的认识。在七年级下册中，教材呈现内容缤纷多彩，其中包括了物质科学领域，如力与运动、物质的性质与变化、材料天地等；生命科学领域中有动物的行为；地球和宇宙领域，如阴晴冷暖和地月运动。通过正文内容，教材还展现了科学探究与 STSE 领域的内容。在八年级上册中，教材继续七年级下册对物质的介绍，从构成物质的微粒与物质的分类两个角度引导学生学习物质，然后，教材说明了地球的结构与运动，并介绍了生活在地球上的生物与它们的家园。在八年级下册中，从学生的感官入手，讲述了声与光，接着介绍了微粒的运动，电荷的运动以及机械运动中的能量转化，最后，教材通过两章展示了生物个体的繁殖与发育以及生物体内物质和能量的转化。从整体上说，八年级教材基于七年级认识自然规律的基础上进一步深入，引导学生寻找物质与自然界的结构和运动规律。九年级教材编写注重对科学探究的学习，将知识应用于生活。在九年级上册中，教材涉及领域较多，包括地球和宇宙领域，如银河系与宇宙，还包括物质科学领域，如物质的循环与转化、能的转化与能量以及物质与能量、结构与性质、酸碱盐的介绍。生命科学领域中展示了对生命系统结构与功能、生命活动的介绍。在九年级下册中，主要呈现生命科学领域以及 STSE 领域，通过前 5 章内容讲述生命的历程与特征，人与自然等，后 2 章主要介绍科学技术与社会之间的相互作用，引导学生关注科学与社会生活的紧密联系。武汉版《科学》教材的具体章节内容如表 5-3-1 所示。

表 5-3-1　武汉版《科学》教材的具体章节内容

七年级（上）	七年级（下）	八年级（上）
1. 水的世界	1. 运动和静止	1. 构成物质的微粒
2. 阳光 空气 土壤	2. 力	2. 物质的分类
3. 我们的家园——地球	3. 阴晴冷暖	3. 地球的结构与运动
4. 遥望星空	4. 地月运动	4. 生物体的结构层次
5. 生物王国	5. 动物的行为	5. 生物家族
6. 生物界的一员——人类	6. 物质的变化	6. 生物及其家园
7. 健康的生活方式	7. 物质的性质	
	8. 材料天地	

八年级（下）	九年级（上）	九年级（下）
1. 声与光	1. 银河系与宇宙	1. 漫长的生命历程
2. 机械运动中的能量转化	2. 物质的循环与转化	2. 生物的遗传与变异
3. 微粒的运动与压力	3. 能的转化与能量守恒	3. 生命的基本特征
4. 运动的电荷	4. 物质与能量	4. 自然——人类的母亲
5. 生物个体的繁殖与发育	5. 生命系统结构与功能的统一	5. 人与自然
6. 生物体内物质和能量的转化	6. 生命活动的调节与协同	6. 科学改变生活
	7. 结构与性质	7. 科学技术与社会
	8. "简单"的化学——酸、碱、盐	

二、武汉版《科学》教材的整体特色

武汉版《科学》教材注重教学评价，在每章的结束部分设置了"反馈与评价"，让学生对学习过的内容进行自我考核，帮助学生复习巩固。教材始终关注对 STSE 内容的涉及，如七年级上册第一章第二节"阳光、空气、土壤"中所描写的太阳能成为人类最大、最宝贵的能源以及根据紫外线发明的验钞机，都体现了科学、技术、社会、环境的相互影响。教材充分考虑到初中学生的年龄阶段与认知特点，几乎每页内容均配有图片，帮助学生理解教材内容，有效激发学生的学习兴趣。

三、武汉版《科学》教材的栏目设置

武汉版《科学》教材在栏目呈现上较有特色，在栏目编排上展现出一定的规律性。教材通常以"想一想"栏目导入一个小节的学习，通过提问引发学生的思考，激发学习兴趣。接着，教材根据各章节的需要，设置"读图""实验""活动"等栏目，对教材正文内容作进一步地呈现。最后，通过"讨论"栏目的设置，引导学生对所学内容进行归纳总结，并进一步展开深入探究、拓展学习。其中，教材还穿插了"阅读材料""小资料""技能""课外活动"等栏目，对教材的正文学习进行补充，开阔学生视野，锻炼学生探究能力。在每章的结束部分还设置了"本章要点"栏目，帮助学生总结复习。武汉版《科学》教材的具体栏目设置情况如下：

• 想一想：作为小节的开始，此栏目通过创设一个情景，以提问的形式引发学生思考，以便学生进入学习状态。

• 读图：学生通过阅读图片，结合所给的问题，获取需要的信息。这样以读图答题的方式学习，丰富了教材的呈现方式，培养了学生的读图能力。

• 活动：通过学生动手活动，帮助掌握学习过的知识，探索新的学习内容，培养学生的分析归纳与动手操作能力。

• 实验：教材提供实验的"材料和仪器""步骤"，帮助学生进行实验操作，锻炼学生动手能力。"分析与思考"中有相关问题的设置，引导学生分析总结实验结果，训练学生的思维，培养学生的思考能力。

• 讨论：基于教材内容的学习，设置问题，激发学生思考讨论，提高学生沟通与表达交流能力。

• 阅读材料：作为教材正文内容的补充材料，此栏目为学生提供与教材内容相关的课外知识，在帮助学生理解教材正文内容的同时，拓宽学生的视野。

• 小资料：作为课外知识供学生阅读，帮助学生更好地理解学过的知识，使教材知识体系更完整。

• 课外活动：巩固学生在课堂教学中学习的知识，锻炼学生的课外探究能力。

• 技能：此栏目在教材中呈现数量较少，设置目的主要是对学生实

验操作技能进行训练。通过讲解实验器材的使用方法与注意事项，帮助学生了解实验器材的用法，更好地保证学生能安全地进行实验。

•本章要点：此栏目主要揭示两块内容——概念图与知识要点。概念图十分清晰地反映本章知识要点的整个框架体系，让学生在复习梳理该章知识的时候一目了然。知识要点的呈现则是对本章重点知识的罗列，帮助学生从整体上把握该章知识的学习。

四、武汉版《科学》教材的栏目特色

"本章要点"栏目中设置概念图是武汉版《科学》教材的一大特色。武汉版《科学》教材通过图谱，将某一章节的重点知识联系起来，形成知识网络。如七年级上册第四章的概念图，太阳系包括小天体、卫星、太阳以及八大行星。在教材中小天体以流星、彗星为例展开介绍；卫星中描述了月球；以太阳黑子、耀斑两个太阳活动对太阳进行分析，并以与太阳距离由近到远的方式呈现八大行星，其中地球还有一个卫星——月球，两者相距 384 401 千米，详见图 5-3-1。概念图运用层级结构，将这一章的关键知识点联系起来，利于学生梳理知识。

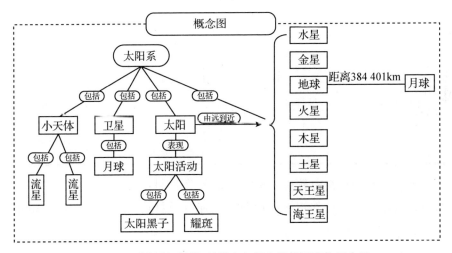

图 5-3-1　武汉版《科学》教材七年级上册第四章的概念图

第四节 沪教版《科学》教材分析

上海的科学课程实行分科制与合科制并存的机制，其中六年级与七年级采用合科制，使用《科学》教材，八年级与九年级采用分科制。2015年，上海世纪出版股份有限公司与上海教育出版社联合出版了《科学》实验教材第 3 版，由庄起黎、沈荣祥主编。沪教版《科学》教材适用于六年级与七年级学生，共四册，六年级教材每册篇幅在 100 页左右，七年级教材每册篇幅在 160 页左右。

一、沪教版《科学》教材的整体结构

沪教版《科学》教材的主题口号是："学习科学、热爱科学、尊重科学、维护科学、运用科学、崇尚科学。"[①]该套教材注重选择上海科技成就等方面内容作为教学材料，以科学探究活动为主要教学模式。六年级主要讲述学生身边的科学，七年级主要讲述科学技术与社会。沪教版《科学》教材的具体章节内容如表 5-4-1 所示。

表 5-4-1 沪教版《科学》教材的具体章节内容

六年级（上）	六年级（下）	七年级（上）	七年级（下）
1. 走进科学	4. 空气与生命	7. 阳光与生物	11. 从宇宙到粒子
2. 感知世界	5. 材料与生活	8. 能与能源	12. 细胞与生殖
3. 水与人类	6. 电和磁	9. 人体与健康	13. 力与空间开发
		10. 地球与资源	14. 人与自然

二、沪教版《科学》教材的整体特色

上海市教育委员会制定的《上海市初中科学课程标准（试行稿）》突出强调科学探究，倡导学习方式的多样性。[②] 这一理念在沪教版《科学》四册教材中均得到了充分的体现。沪教版《科学》教材呈现方式生动活泼，正

---

① 上海市中小学（幼儿园）课程改革委员会. 科学教学参考资料 六年级 第二学期（试用本）[M]. 上海：上海教育出版社, 2007.

② 上海市教育委员会. 上海市初中科学课程标准（试行稿）[M]. 上海：上海教育出版社, 2004.

文的文字解说较少，图片较多且形式多样，不仅有实物图还有示意图、漫画等。教材主要通过"体验与活动""小博士""信息园地""拓展天地"等栏目以及练习，引导学生学习知识，较好地锻炼学生的科学探究能力，同时培养学生的积极性、主动性、创造性与独立性。此外，这样的教材编写方式对教师的课堂教学能力提出了更高的要求。如七年级上册第八章第一节"能及其转化"这一内容中，以"体验与活动"栏目为教材内容的主线，该栏目主要以文字与图片表征的形式呈现知识，并向学生提问引发学生思考，从而对这一内容展开深入学习。这一节内容涉及 9 个"体验与活动"栏目，几乎每一页均设有该栏目，甚至在一些页面中，该栏目占据了整个版面。这样的教材编排方式有效地避免了知识点的直接呈现，取而代之的是学生通过阅读获取问题，并分析解决。此外，该节内容通过 2 个"小博士"栏目与 2 个"拓展天地"栏目对教材正文的内容进行补充，拓展学生的知识面。同时，在 3 个小块知识的结束部分，该节内容设置了相关练习，帮助学生进一步从各个角度巩固学习过的知识。练习的设计紧密联系生活实际与社会生产，情境设置真实生动，具有趣味性。

三、沪教版《科学》教材的栏目设置

沪教版《科学》教材的栏目设置在整套教材中占比较大，能更有线索地帮助学生学习科学知识，整套教材的核心栏目有：

• 体验与活动：此栏目通过教师演示实验、学生自主实验、合作与交流等实践活动，培养学生探究思考与表达交流能力。

• 综合探究：给予学生某一情境主题，引导学生进行实验并形成实验报告，提高学生动手操作与实验探究能力，同时锻炼学生的动手写作能力。

• 小博士：对课本中重要的概念进行总结归纳，帮助学生梳理学过的知识，便于学生复习。

• 拓展天地：作为教材的补充知识，供学生阅读，扩展学生的知识面。

• 信息园地：推荐一些与教材主题相关的资料、信息，满足有兴趣的学生自主学习的需求。

• 每章小结：对每章的知识内容进行梳理总结，提炼出本章的重要知识，供学生复习之用。

四、沪教版《科学》教材的栏目特色

课程资源的开发与利用是课程实施的有效保障，不仅能在教学过程中为学生提供一些专业的信息渠道，还可以供学生课后进行自主选择学习。"信息园地"是沪教版《科学》教材栏目的一大特色，通过该栏目为学生推荐一些与教材主题相关的书籍、网站等资料，体现了沪教版《科学》教材对非学校科学课程资源的开发与利用，如在七年级上册第七章第二节"生物及其多样性"的"保护濒危动物"这一内容中，教材为学生提供了中国自然保护区网址以及由陈廷超、吴亚沪编著的《全球濒危珍稀动物画册》，供学生课后拓展学习。

第六章 我国科学教材的比较研究

对不同版本的科学教材进行比较分析，有助于准确把握科学教材的质量，同时也能为科学教学提供有益参考。本章对我国不同版本的《科学》教材进行难度与专题两个方面的比较分析，以进一步深入解读科学教材的内在意蕴。

第一节 科学教材的难度比较

一、科学教材难度比较的维度与方法

科学教材是科学课程内容的重要载体，根据前述对不同国家与地区的科学课程标准与教材的分析发现，科学课程内容大多涉及物质科学、生命科学、地球与空间科学三个学科领域。据此，本研究首先将科学教材难度比较的维度设置为上述三个学科领域，即对我国不同版本的《科学》教材中的物质科学领域、生命科学领域、地球与空间科学领域所关涉的具体内容的难度进行比较。

关于教材难度的研究视角与分析方法多种多样，本研究参照的是我国学者李高峰提出的教材难度分析模型——$N=(S/T+G/T)/2$。[①] 其中，N 指教材难度；G 为教材广度，即教材相应主题内容所涵盖的知识点数量，本研究将针对相同主题，结合课程标准与教材实际统计相应知识点的数量；S 是教材深度，即学习目标的要求水平层次，本研究将相应知识点的学习目标分为认知性目标、技能性目标、体验性目标三类，并根据

[①] 李高峰. 课程难度模型运用中的偏差及其修正——与史宁中教授等商榷[J]. 上海教育科研，2010(3).

相应知识点内容的不同目标行为动词赋值相应的要求水平层次，详见表 6-1-1；T 为教材所涉及知识点对应的教学时长，本研究采用各版本相应知识点的课时安排平均值来表示 T 的具体数值；S/T 是可比教材深度，即单位时间内，教材的深度；G/T 是可比教材广度，即单位时间内，教材的广度。可见，教材的难度分析是对教材的深度与广度的一种综合考量。

表 6-1-1　学习目标的水平层次及其赋值

分类	水平层次	各水平层次的界定	表达词举例	赋值
认知性目标	了解	能说出知识的要点或事物的基本特征，并能在有关的问题中识别它们	描述、说出、知道、了解、识别、列举、举例、指认等	1
	理解	能阐述知识的内涵，把握其内在逻辑关系，能用于解释简单现象或进行简单计算	解释、说明、比较、概述、认识、理解、区别、懂得等	2
	应用	能将知识运用在新情境中，与已知知识建立联系，分析有关现象或提出解决问题的途径和方法	辨析、运用理论或模型分析、阐明、分类、推导、应用等	3
技能性目标	模仿	借助说明书或教师的示范进行的常规仪器操作和基本练习性操作	按照、根据、练习、尝试等	1
	独立操作	学生独立进行的目的明确的操作	测量、测定、绘制、制作、查阅、收集、计算、学会等	2
	迁移	能与已有技能建立联系	迁移	3
体验性目标	参与	经历某一学习过程，如探究、实验、检索、阅读、参观、查询等	观察、体验、体会、感知等	1
	反应	在经历的基础上表达态度、情感和价值取向	关心、关注、注意、善于等	2
	领悟	经过一阶段学习过程后对某些科学观念(假设与理论，态度、情感与价值观)的内化	形成、养成、树立、建立、具有等	3

二、物质科学领域的难度比较

物质科学领域是科学课程内容的重要组成部分，在我国不同版本的《科学》教材中都占有较大的比重。从相关章节数量来看，华师大版中的物质科学领域内容占比最大，约为 50%，其他版本在章节比重上也较另外两个领域有绝对优势。从章节主题来看，物质科学领域主要是将物理学科与化学学科的内容进行了整合，其中涉及物理学科的内容包括物质、能、力等，涉及化学学科的内容包括物质结构与性质、化学反应等。而以主题的形式将两个学科领域进行整合，有利于学生从整体上认识物质世界，构建合理的物质科学网络。物质科学领域的学习目标大致可以归纳为以下三个方面：在知识方面，应了解或理解物质科学的基本现象、概念和原理；在技能方面，应学会控制变量、归纳、演绎、建模等探究物质科学的方法与技能；在情感态度方面，应关注与理解物质科学与社会生活的紧密联系，并养成相应的意识、习惯与责任。

本研究对我国四套不同版本《科学》教材中物质科学领域的相关主题及知识点进行了整理，结果如表 6-1-2、表 6-1-3 所示。从中可以看出，浙教版、华师大版、武汉版的科学教材广度明显大于沪教版。具体而言，沪教版《科学》教材没有涉及"透镜成像""化学反应""声"等方面的内容，在"水""空气""金属""能""电与磁""粒子"等方面的内容也相对较少。如在"金属"部分，沪教版包含三个知识点内容："金属的提炼""铁、铜、铝""金属的用途"，其注重的是对金属的物理性质的梳理。而其他三个版本的《科学》教材则在此基础上，增加了"金属活性""金属与盐的反应"等知识点，其注重的是金属相关物理学科知识与化学学科知识的整合。当然，沪教版《科学》教材在广度上的这一特点，是与上海市在六七年级设置综合科学课程相对应的，其在教材内容编排上充分体现了衔接小学和初中的要求。

表 6-1-2　浙教版、华师大版、武汉版《科学》教材中物质科学领域的相关主题及知识点

主题	知识点
物质的性质	物质的物理变化与化学变化；物理性质和化学性质；物质性质的影响因素；质量；密度；物质的三态及变化；饱和溶液与不饱和溶液；溶解度
水	水的组成及主要性质；水的三态；悬浊液、溶液与乳浊液；水及其他溶剂；溶质质量分数；净化水的常用方法；水资源与水污染
空气	空气的成分；空气的作用；大气压强；氧气与二氧化碳；制取氧气与二氧化碳；臭氧；温室效应；空气污染
金属	金属与非金属；金属活动性；金属锈蚀；合金；金属冶炼；金属污染
常见的化合物	物质的分类；酸碱；酸碱的使用；盐；酸碱测定；有机物
构成物质的微粒	物质的构成；物质三态变化的粒子模型解释；分子运动；分子之间的作用力；原子结构；核外电子的作用；原子结构的探索过程与微观世界的新进展
元素	物质的多样性；元素与元素符号；元素的分类；化学式
物质的分类	纯净物和混合物；混合物的分离；物质的分类；相对分子质量
常见的化学反应	常见的化学反应；催化剂；燃烧；光合作用与呼吸作用中的化学反应；质量守恒定律；化学反应方程式
机械运动和力	参照物；速度；常见的力；力的测量与力的三要素；牛顿第一定律；力的作用效果；压强；阿基米德原理与沉浮条件；流速与压强
电与磁	电荷；电路；电路的连接；电阻大小的影响因素；欧姆定律；磁体与磁场；磁场的特点；磁场的影响因素；磁生电；半导体与超导体
波	波；光沿直线传播；光的反射、折射与平面镜成像；凸透镜成像；光的组成；声音的产生与传播；声音的特性；噪声的危害；电磁波
元素的循环和物质的转化	物质的循环与转化；氧、碳、氮的循环；金属、金属氧化物、碱的转化；非金属、非金属氧化物、酸的转化
能的转化与能量守恒	能量；简单机械；动能与势能；功和功率；内能与摩擦力做功；热量；比热容；化学能与内能的转化；生物体内能量的来源与转化；热机的工作原理；电流热效应的影响因素；电功；额定功率；电能表与熔断器；家用电器的安全使用；核能；能量转移与转化的方向性；能量守恒定律
能源与社会	能源的分类与特点；太阳供能；能源现状；新能源的开发与利用

表 6-1-3 沪教版《科学》教材中物质科学领域的相关主题及知识点

主题	知识点
水	地球是个水球，水的三态；生物体内的水，水对生命的作用；溶解、酸碱溶液、安全使用溶液；水溶液的酸碱性，常用的酸碱溶液；水的污染，水的净化
空气	空气的组成，大气压；呼吸与燃烧；空气污染物与净化空气
材料	常见材料，材料分类；金属、陶瓷与塑料；复合材料、新材料
电磁现象	家庭电路；电路与电路图，电流与电压表，电费的计算；安全用电；磁现象与磁效应；电信
能的转化与传递	能量；能量的转化；常用的能的转化器；热传递的形式；水和空气的热传导本领；热传递的应用；常用能源；能源危机和节能；正在开发的能源
能的开发	地球的形状与结构；岩石与土壤；矿物；矿物资源；海水的特点与潜海技术；海洋生物资源；海洋能源；海洋空间；海洋开发与保护
粒子	微观世界；物质由粒子构成；粒子在运动；粒子间有间隙；物质三态特征的粒子解释；物质三态变化；蒸发；植物的蒸腾作用；物质三态的热膨胀；热胀冷缩的应用与防止；水的反常膨胀
力与空间开发	力的作用效果；重力；受力和形变的关系；摩擦；增大和减少摩擦的方法；巨轮的浮与沉；物体浮沉的应用；力是改变物体运动状态的原因；作用力与反作用力；火箭升空原理；超重与失重；月球上的重力

参照上述构建的教材难度分析模型，本研究选取了"浮力""溶液"两个主题，对四个版本《科学》教材的难度进行比较分析。同时，根据科学课程标准中关于这两个主题的知识点的相关描述也进行了难度的计算，并将其结果作为"理想难度"，以作为各版本《科学》教材难度的参照标准。"浮力"主题的比较结果如表 6-1-4、表 6-1-5 所示。从中可见，"浮力"主题的理想难度为 1.50，华师大版《科学》教材的"浮力"主题难度低于理想难度，为 1.214，武汉版《科学》教材的"浮力"主题难度则与理想难度相一致，为 1.50，而浙教版和沪教版要高于理想难度，分别为 2.00 和 2.25。基于上述结果，"浮力"主题的教材难度可谓参差不齐，其主要原因在于各版本《科学》教材在该主题上设置的教学时长存在较大差异，华师大版

为 7 课时，远远多于其他三版教材的 2～3 课时，从而使得其教材难度相对较低。而沪教版虽然知识点广度最低，但其课时安排也最少，因而教材难度最大。浙教版涉及的知识点数量与课程标准的要求一致，即教材广度与标准值相同，但其在"物体沉浮条件的应用"部分只有原理解释，而没有设置制作热气球等活动，因此教材深度低于标准值，导致总体教材难度高于理想难度。武汉版与浙教版在课时安排上相同，但少了"物体沉浮条件的应用"这一知识点，使得其教材广度与教材深度都相对较低，导致最终整体教材难度与课程标准持平。

表 6-1-4　四套《科学》教材"浮力"难度统计表

教材	知识点及深度赋值	教材广度 (G)	教材深度 (S)	课时 (T)
课程标准	●阿基米德原理(2) ●物体浮沉的条件(2) ●物体沉浮条件的应用 (解释原理2＋制作升空气球2)(4)	$G_1=4$	$S_1=8$	$T_1=4$
武汉版 七年级(下)	●浮力(1) ●阿基米德原理(2) ●物体的浮沉(3)	$G_2=3$	$S_2=6$	$T_2=3$
浙教版 八年级(上)	●浮力(1) ●阿基米德原理(2) ●物体浮沉的条件(3) ●物体沉浮条件的应用(2)	$G_3=4$	$S_3=8$	$T_3=3$
华师大版 八年级(上)	●浮体(1) ●浮力(1) ●阿基米德原理(2) ●物体在液体中的浮沉条件(3) ●浮沉条件的应用 (解释原理2＋制作升空气球2)(4)	$G_4=6$	$S_4=11$	$T_4=7$
沪教版 七年级(下)	●沉浮条件(2) ●沉浮的应用(解释原理2＋制作升空气球2)(4)	$G_5=3$	$S_5=6$	$T_5=2$

表 6-1-5　四套《科学》教材"浮力"难度折算表

教材	可比深度（S/T）	可比广度（G/T）	教材难度
课程标准	2.00	1.00	1.500
武汉版	2.00	1.00	1.500
浙教版	2.67	1.33	2.000
华师大版	1.57	0.85	1.214
沪教版	3.00	1.50	2.250

　　"溶解"主题的比较结果如表 6-1-6、表 6-1-7 所示。从中可见，"溶解"主题的理想难度为 1.583，武汉版《科学》教材和华师大版《科学》教材的"溶解"主题难度低于理想难度，均为 1.50，而浙教版和沪教版要高于理想难度，分别为 1.750 和 1.667。基于上述结果，"溶解"主题的教材难度也存在一定差异。具体而言，"溶解"主题包含的知识点较多，主要包括"是否能溶解？""溶解的影响因素有哪些？""如何进行定量计算？"等，每套教材涉及的知识点数量不等，且对每个知识点的水平层次要求也有所不同，这是其最终出现教材难度差异的主要原因。比如在"其他常用溶剂"部分，华师大版对此进行了详细的介绍，设置了活动、思考与讨论、视窗等多个栏目；浙教版与沪教版则简单罗列了一些常用溶剂，如酒精、汽油、丙酮、香蕉水等；而武汉版完全没有设置这一知识点。再如"饱和溶液与不饱和溶液"部分，浙教版要求学生掌握两种溶液之间相互转化的方法，教材深度与标准值一致；华师大版和武汉版则要求学生学会判断两种不同溶液的方法；而沪教版没有专门提及这一知识点，只是对这两种不同溶液的概念做了简单介绍。除此之外，各版本教材在教学时长安排上的差异也是导致其教材难度不同的一个影响因素，如浙教版与华师大版虽然在教材广度和教材深度上相同，但浙教版的课时数为 6，而华师大版的课时数为 7，因而浙教版的教材难度要高于华师大版。

表 6-1-6　四套《科学》教材"溶解"难度统计表

教材	知识点及深度赋分	课程广度(G)	课程深度(S)	课时(T)
课程标准	●悬浊液、溶液和乳浊液(2) ●水及其他溶剂(1) ●溶质质量分数(2) ●溶液的配制(2) ●饱和溶液和不饱和溶液(2) ●溶质、溶剂和溶液(1) ●溶解度(2)	$G_1=7$	$S_1=12$	$T_1=6$
武汉版 八年级(上)	●溶液、悬浊液和乳浊液(2) ●溶质与溶剂(1) ●饱和溶液和不饱和溶液(1) ●溶解度(2) ●溶液中溶质的质量分数(2) ●溶液的配制(1)	$G_2=6$	$S_2=9$	$T_{32}=5$
浙教版 八年级(上)	●溶质、溶剂和溶液(1) ●其他溶剂(1) ●悬浊液和乳浊液(2) ●溶解时热量的变化(1) ●饱和溶液(2) ●物质的溶解度(2) ●溶质的质量分数(2) ●溶液的配制(2)	$G_3=8$	$S_3=13$	$T_3=6$
华师大版 七年级(下)	●溶液、溶质与溶剂(1) ●饱和溶液与不饱和溶液(1) ●溶解度(2) ●溶解时热量的变化(1) ●浊液(2) ●其他常用的溶剂(2) ●溶质的质量分数(2) ●溶液的配制(2)	$G_4=8$	$S_4=13$	$T_4=7$
沪教版 六年级(上)	●溶剂、溶质和溶液(1) ●其他溶剂(1) ●电子天平的使用(2) ●溶解(2)	$G_5=4$	$S_5=6$	$T_5=3$

表 6-1-7　四套《科学》教材"溶解"难度折算表

教材	可比深度（S/T）	可比广度（G/T）	教材难度
课程标准	2.00	1.17	1.583
武汉版	1.80	1.20	1.500
浙教版	2.16	1.33	1.750
华师大版	1.86	1.14	1.500
沪教版	2.00	1.33	1.667

三、生命科学领域的难度比较

生命科学是与人类生活息息相关的一个领域，随着社会的发展，人口、粮食、能源、自然环境、疾病等已成为全球性议题。生命科学领域的内容贯穿着人与自然的和谐发展、生命的演化、技术促进社会进步等观念，对于培养学生尊重自然的意识、提高学生科学素养、帮助学生建立应对生活和时代挑战的信心具有重要作用，因此，生命科学领域同样是科学课程内容的重要组成部分。生命科学领域的学习目标大致可以描述为以下三个方面：（1）了解生命世界的基本事实、基本概念、基本规律，能用所学知识解决生活中的实际问题，形成健康生活的观念与习惯；（2）学习一些生命科学领域的技能与方法；（3）理解并关注生命科学的发展对于个人生活与人类社会的作用。

在我国不同版本的《科学》教材中，生命科学领域的相关章节数量占比相较于物质科学领域都要偏少一些，都约为30％。本研究对四套不同版本《科学》教材中生命科学领域的相关主题及知识点进行了整理，结果如表 6-1-8、表 6-1-9 所示。从中可以发现，沪教版由于对标六七年级学生以及参照上海市自主颁布的科学课程标准，其在教材广度上与对标国家科学课程标准的其他三个版本的《科学》教材存在明显差异。具体而言，"生物体的结构""生物的代谢""生物体的繁殖""人与健康""人与自然"虽是四套教材共有的部分，但在教材广度上不同。例如，关于传染病，沪教版只介绍了性传染病，而其他三套教材还介绍了流感、肝炎、肺结核等多种类型的传染病。

表 6-1-8　沪教版《科学》教材中生命科学领域的相关主题及知识点

主题	知识点
人的感觉	触觉；皮肤的感觉；嗅觉与味觉；声音的产生与传播；耳；噪声；光的传播；面镜；神奇的玻璃金鱼缸；眼睛；脑的协调；错觉；合理用脑
空气	植物的呼吸作用
阳光与生物	光合作用；生物的分类；二歧分类法；检索表；生物的多样性；濒危生物；拯救濒危生物；食物链
人体与健康	营养成分；良好的饮食习惯；食物的消化与吸收；人体内水分的平衡与调节；运动；休息与健康
生殖与发育	细胞；分裂与生长；生殖细胞；生命诞生的过程；生育健康；性传染病；发育；青春期生理与心理的变化
人与自然	生态系统；人口过度增长

表 6-1-9　浙教版、华师大版、武汉版《科学》教材中生命科学领域的相关主题及知识点

主题	知识点
观察多种多样的生物	生物与非生物；放大镜与显微镜；真菌；常见生物；苔藓植物；生物对环境的适应
构成生物体的细胞、组织、器官和系统	制作临时装片；生物图；细菌与动植物细胞；生物体结构与功能的基本单位；细胞；生命现象；生长与分化；组织、器官和系统；单细胞生物与多细胞生物
种群、生物群落、生态系统和生物圈	检索表；生物分类；种群；生物群落；生态系统；生物圈；生命系统
绿色开花植物的物质和能量转换	植物的营养器官；无机盐和水的作用；无机盐的吸收与运输；水的吸收和散失；光合作用；呼吸作用；农业生产技术
人体的物质和能量转换	消化系统；酶；人体呼吸系统；血液循环；血液；献血；泌尿系统；生命活动
生命活动的调节	物质的感应性；动物行为；人体的感觉器官和感受器；神经系统；激素；体温调节

续表

主题	知识点
细菌和真菌的繁殖	细菌的繁殖形式；真菌的繁殖形式；细菌和真菌的应用
绿色开花植物的生殖和发育	植物的生殖方式；叶芽的发育；花的结构；自花传粉与异花传粉；种子和果实；种子的萌发
人与动物的生殖和发育	人体生殖系统；人的受精；新生命的孕育；人的发育过程；青春期；动物的生殖和发育；克隆
遗传和进化	遗传与变异；遗传物质；遗传和变异的应用；近亲结婚；遗传性疾病；基因工程；生命起源；生物进化
人体保健	健康；人体运动系统；免疫；计划免疫与人工免疫；营养素；健康的生活；青春期卫生保健；疾病的预防
健康与环境	环境对健康的影响；传染病与病原体；传染病的预防；有毒物的预防；安全用药；急救的基本方法
人类和生态环境	人口；生态平衡；生物的多样性；生物保护与自然保护

当然，对标国家科学课程标准的三套《科学》教材，很多主题内容的知识点广度也存在差异，下面以"细菌"主题为例进行详细说明。从表 6-1-10 中可以看出，浙教版《科学》教材中"细菌"主题的知识点要多于武汉版和华师大版。浙教版包括细菌的特征、细菌的分类、细菌的作用等多个方面内容，而华师大版缺少细菌的分类、细菌的结构、细菌的分裂、菌落等内容，武汉版则缺少细菌的大小、细菌的结构及功能、细菌的生存、细菌的分裂、菌落、巴氏消毒等内容。此外，武汉版突出强调了细菌的繁殖，由"想一想""活动""讨论"三个栏目组成，增加了二分裂的概念、分裂生殖属于无性生殖等内容。华师大版对学生的要求较低，以记忆性知识为主。浙教版不仅在篇幅、内容上更加充实，在表现手法上也更为丰富，除文字表征的形式外，在细菌的类型、细菌的结构、细菌的分裂部分，还采用了图像表征的方式，多角度对知识点进行说明，以期更有效地帮助学生理解。

表 6-1-10　浙教版、华师大版、武汉版《科学》教材中"细菌"主题的知识点

教材	知识点
浙教版	1. 细菌是单细胞生物，是食物变味或发臭的原因 2. 细菌个体微小，直径只有 0.5～5 微米 3. 细菌团（菌落）——细菌大量繁殖后形成 4. 细菌的三种基本形态——球状、杆状、螺旋状，根据形态分为球菌、杆菌和螺旋菌 5. 细菌的结构：有细胞壁、细胞膜、细胞质、鞭毛、荚膜，无成形的细胞核，无叶绿体，鞭毛帮助细菌自由移动，荚膜起到保护细菌的作用，要依赖有机物生活 6. 细菌的分裂，先复制遗传物质，繁殖能力非常强 7. 细菌的种类很多，广泛分布于空气、水、土壤、动植物的体表和体内等处，几乎无所不在 8. 细菌对人体既有害又有利，巴斯德发明了巴氏消毒法
华师大版	1. 细菌约有 2000 多种，分布极其广泛，无论在土壤里、水和空气中，或在人和动、植物体内都有细菌存在 2. 细菌细胞没有成形的细胞核 3. 细菌个体微小，直径大多为 0.5～2 微米 4. 细菌对人类有利有害 5. 巴斯德与微生物学的建立
武汉版	1. 细菌的三种基本形态：球状、杆状、螺旋状 2. 细菌团（菌落） 3. 细菌是单细胞生物 4. 细菌由细胞壁、细胞膜、细胞质、鞭毛、荚膜构成，没有成形的细胞核 5. 细菌对人类有利有害 6. 细菌对自然界有着重要意义，是分解者，能分解有机物，促进自然界的物质循环 7. 细菌的繁殖

　　参照前述构建的教材难度分析模型，本研究选取了"植物的代谢""细胞"两个主题，对四个版本《科学》教材的难度进行比较分析。根据科学课程标准中关于这两个主题知识点的相关描述进行难度计算，并将其结果作为"理想难度"，以作为各版本《科学》教材难度的参照标准。"植物的代谢"主题的比较结果如表 6-1-11、表 6-1-12 所示。从中可见，"植物的代谢"主题的理想难度为 2.50，武汉版和沪教版《科学》教材的"植物的代谢"主题难度低于理想难度，分别为 1.667 和 2.00，浙教版和华师大版《科

学》教材的"植物的代谢"主题难度则要高于理想难度，分别为 2.677 和
3.167。除沪教版的教学时长为 4 课时之外，其他三个版本的教学时长均
为 3 课时，因此可以说"植物的代谢"主题难度存在差异的主要原因是广
度与深度的不同，即各教材对知识点的不同分类与整合方式。比如，武
汉版教材在知识点编排上将光合作用和呼吸作用分别置于八年级下册第
六章的第二节（有机物的制造——光合作用）和第四节（有机物的分解利
用——呼吸作用），侧重于两个作用过程中物质的转化，而并未紧密建立
光合作用和呼吸作用之间的联系。而华师大版教材在知识点编排上强调
光合作用、呼吸作用与社会生活之间的紧密联系，教材广度与深度更大，
但其课时安排没有增加，因而其教材难度要远大于武汉版。

表 6-1-11　四套《科学》教材"植物的代谢"难度统计表

教材	知识点及深度赋分	教材广度（G）	教材深度（S）	课时（T）
课程标准	●光合作用的原料(1) ●光合作用的条件(1) ●光合作用的产物(1) ●光合作用的简要过程(2) ●光合作用的重要意义(2) ●植物的呼吸作用(1) ●植物的呼吸作用的意义(1)	$G_1 = 7$	$S_1 = 8$	$T_1 = 3$
武汉版 八年级(下)	●光合作用的产物(1) ●光合作用的意义(1) ●光合作用的过程(1) ●光合作用与农业生产的关系(1) ●植物的呼吸作用(1)	$G_2 = 5$	$S_2 = 5$	$T_2 = 3$
浙教版 八年级(下)	●植物的呼吸作用(1) ●光合作用的原理(反应式 1＋叶绿体1)(2) ●光合作用的条件和产物(1) ●光合作用的原料(1) ●光合作用和呼吸作用的相互关系(1) ●呼吸作用与光合作用的关系(1) ●呼吸作用与光合作用的意义(1)	$G_3 = 8$	$S_3 = 8$	$T_3 = 3$

续表

教材	知识点及深度赋分	教材广度(G)	教材深度(S)	课时(T)
华师大版八年级(上)	●光合作用的产物(1) ●光合作用的原料(1) ●光合作用的过程(反应式1+叶绿体1)(2) ●光合作用的意义(2) ●光合作用与农业生产的关系(1) ●植物的呼吸作用(1) ●呼吸作用与光合作用的相互关系(1) ●植物的呼吸作用与人类生产、生活的关系(1)	$G_4 = 9$	$S_4 = 10$	$T_4 = 3$
沪教版六年级(下)七年级(上)	●光合作用的条件(1) ●光合作用的简要过程(1) ●光合作用的原料与产物(原料1+产物1)(2) ●显微镜的使用(2) ●临时装片的制作(2) ●植物的呼吸作用(1)	$G_5 = 7$	$S_5 = 9$	$T_5 = 4$

表 6-1-12　四套《科学》教材"植物的代谢"难度折算表

教材	可比深度(S/T)	可比广度(G/T)	教材难度
课程标准	2.33	2.67	2.500
武汉版	1.67	1.67	1.667
浙教版	2.67	2.67	2.677
华师大版	3.00	3.33	3.167
沪教版	1.75	2.25	2.000

　　"细胞"主题的比较结果如表 6-1-13、表 6-1-14 所示。从中可见，"细胞"主题的理想难度为 2.75，武汉版和沪教版《科学》教材的"细胞"主题难度均低于理想难度，分别为 2.50 和 2.667，而浙教版和华师大版《科学》教材的"细胞"主题难度等于理想难度，均为 2.75。浙教版和华师大版的

"细胞"主题总体难度虽然相同，但其涉及的具体知识点存在差异。浙教版包含的细胞分化的内容相较华师大版要更加丰富，而华师大版对单细胞生物与多细胞生物的描述与呈现要更加细致深入。武汉版教材八年级上册和下册都有涉及"细胞"主题相关知识点，其中上册的内容为构成生物体的基本单位——细胞、单细胞生物与多细胞生物、细胞的结构与功能、细胞学说、制作临时装片、细胞的形状，八年级下册的内容为细胞分裂、生长与分化。整体而言，武汉版教材与浙教版教材的知识点分类与编排顺序都十分相似，然而武汉版教材难度低的原因在于其教材广度较小。例如，武汉版教材并未从科学史（胡克发现细胞）导入，而是通过学生已有生活经验（观察微小生物）导入，先通过图像表征的方式体现微小生物的不同形态，进而再探讨这些生物都是由结构基本相似的"小室"（细胞）构成，因而缺少细胞发现史相关内容，所以广度比浙教版和华师大版少。在沪教版教材中，"细胞"为"生命的诞生"章节中的一部分，包括的知识点较少，且并未涉及显微镜的内容（显微镜的相关内容被包含在植物的代谢中，用来观察光合作用的场所）。虽然在广度和深度上都明显小于其他三版教材，但由于课时安排也较少，所以沪教版的教材难度依然较高。

表 6-1-13　四套《科学》教材"细胞"难度统计表

教材	知识点及深度赋分	教材广度（G）	教材深度（S）	课时（T）
课程标准	●显微镜的使用（1） ●制作临时装片（2） ●细胞是生物体结构与功能的基本单位（1） ●细胞的结构（解释现象2＋识别2）（4） ●细胞分裂、生长与分化（分裂2＋生长1＋分化1）（4） ●单细胞生物与多细胞生物（1）	$G_1 = 9$	$S_1 = 13$	$T_1 = 4$

续表

教材	知识点及深度赋分	教材广度(G)	教材深度(S)	课时(T)
武汉版 八年级(上) 八年级(下)	●构成生物体的基本单位——细胞(1) ●单细胞生物与多细胞生物(1) ●细胞的结构与功能(2) ●细胞学说(1) ●制作临时装片(2) ●细胞的形状(1) ●细胞的分裂、生长和分化(分裂1+生长1+分化1)(3)	$G_2=9$	$S_2=11$	$T_2=4$
浙教版 七年级(上)	●细胞的发现和细胞学说(发现1+细胞学说1+细胞的形状1+细胞是生命活动的基本单位1)(4) ●细胞的结构与功能(2) ●显微镜的使用(1) ●观察细胞(2) ●细胞的分裂、生长和分化(分裂1+生长1+分化1)(3)	$G_3=10$	$S_3=12$	$T_3=4$
华师大版 七年级(上)	●制作临时装片(2) ●显微镜的使用(1) ●细胞的结构与功能(2) ●细胞的形状(1) ●细胞的分裂与生长(分裂1+生长1)(2) ●细胞是生命活动的基本单位(基本单位1+单细胞生物与多细胞生物1)(2) ●细胞学说(1) ●细胞的发现(1)	$G_4=10$	$S_4=12$	$T_4=4$
沪教版 七年级(下)	●细胞是生命活动的基本单位(1) ●动、植物细胞的结构与功能(2) ●制作临时装片(2)	$G_5=3$	$S_5=5$	$T_5=1.5$

表 6-1-14　四套《科学》教材"细胞"难度折算表

教材	可比深度（S/T）	可比广度（G/T）	教材难度
课程标准	3.25	2.25	2.750
武汉版	2.75	2.25	2.500
浙教版	3.00	2.50	2.750
华师大版	3.00	2.50	2.750
沪教版	3.33	2.00	2.667

四、地球与空间科学领域的难度比较

地球与空间科学以地球科学和天文学为基础，探索天地的奥秘和社会文明的发展。地球与空间科学不管是对社会的进步，还是对学生的全面发展都是十分重要的。地球与空间科学领域的学习有助于培养学生探究宇宙的好奇心和创造精神，树立尊重自然的观念，帮助学生形成统一的科学概念，满足学生对宇宙的想象。因此，地球与空间科学领域也是科学课程内容的重要组成部分。地球与空间科学领域的学习目标大致可以描述为以下几个方面：了解宇宙中存在不同层次的天体系统，知道宇宙在膨胀和演化，知道地球是太阳系中的一颗行星，地球上的地形、水体、大气、土壤等在不断地运动变化并且相互影响；掌握观察、测量和识图等基本技能，如在等高线地形图上识别主要地形，学会绘制简单平面示意图等；逐步树立关于自然界的物质性、整体性、层次性和系统性的科学思想和观念，例如：关注水体污染和防治，关注各种媒体发布的天气预报。

在我国不同版本的《科学》教材中，地球与空间科学领域的相关章节数量占比都相对最少，均为 20％左右。本研究对四套不同版本《科学》教材中地球与空间科学领域的相关主题及知识点进行了整理，结果如表 6-1-15、表 6-1-16 所示。从中可以发现，沪教版的教材广度相较其他三个版本仍然是最小的，仅有 3 个主题，22 个概念，虽然也涉及宇宙、太阳系、地球资源与环境等内容，但是涵盖的知识点较少。矿物与海洋相关知识是沪教版《科学》教材特有的内容，其他三套教材以水为主题，介绍水资源、水循环、水体的污染与防治等，而沪教版进一步将该部分内容延伸至海洋的层面，包括海水、海洋生物、海洋能源、海洋的开发与保护几

个部分。出现这一差异的原因是上海市在六七年级除了设置综合科学课
程以外，同时还开设了地理课程，因而很多相关知识点内容被安排在了
地理课程中，例如：天体、等高线地形图、地球仪与地图等。

表 6-1-15 浙教版、华师大版、武汉版《科学》教材中
生命科学领域的相关主题及知识点

主题	知识点
星空	星座与恒星；地球公转；节气；月相；日食与月食
太阳系与星际航行	太阳与月球；太阳活动；日地、月地距离；八大行星、卫星及小行星；彗星；陨星与流星；飞向太空的历程；航天事业的成就
银河系和宇宙	银河系；光年；红巨星、白矮星与中子星；黑洞和超新星；宇宙的构成；宇宙的起源与发展；人与自然的关系；从地心说到日心说
地球	地球的形状和大小；地球仪与地图；昼夜长短；平面示意图；卫星遥感技术和卫星定位仪
地壳运动和地形变化	地球内部圈层结构；组成地壳的岩石；地形的变化；火山和地震；火山地震带；板块构造学说；板块的运动；泥石流；等高线地形图
土壤	土壤的组成；土壤对植物的作用；土壤污染；土壤保护
地球上的水体	水体分类；水循环；海陆分布；水资源的分布；水资源的危机；水体污染与防治；开发和利用水资源
天气和气候	天气与气候；天气和气候变化的主要因素；我国气候的特点；天气的测量；气象灾害和减灾防灾措施；媒体发布的天气预报

表 6-1-16 沪教版《科学》教材中生命科学领域的相关主题及知识点

主题	知识点
地球与资源	地球的形状和结构；岩石和土壤；土壤的作用；土壤污染与保护；矿物；我国的矿物资源；海水、海洋生物资源；潜海技术；海洋能源；海洋空间；海洋的开发与保护
人与自然	海平面上升；水体污染；全球生态环境恶化；全球性环境问题；自然灾害；减灾防灾的措施
宇宙	宇宙起源说；太阳系的组成；光年；月相变化规律

参照前述构建的教材难度分析模型，本研究选取了"月相"这一主题，对四个版本《科学》教材的难度进行比较分析。同时，根据科学课程标准中关于这个主题的知识点的相关描述也进行难度的计算，并将其结果作为"理想难度"，以作为各版本《科学》教材难度的参照标准。"月相"主题的比较结果如下表 6-1-17、表 6-1-18 所示。从中可见，"月相"主题的理想难度为 3.00，沪教版《科学》教材的"月相"主题难度与理想难度相同，也为 3.00，武汉版、浙教版和华师大版《科学》教材的"月相"主题难度则都要高于理想难度，分别为 3.50、4.20 和 4.50。

表 6-1-17 四套《科学》教材"月相"难度统计表

教材	知识点及深度赋分	教材广度（G）	教材深度（S）	课时（T）
课程标准	●月球的概况（1） ●人类对月球的探测（1） ●农历与月相的关系（1） ●月相的规律（1） ●日食和月食（1） ●月地距离（1） ●使用天文望远镜（2）	$G_1 = 7$	$S_1 = 8$	$T_1 = 2.5$
武汉版 八年级（上） 八年级（下）	●人类对月球的探测（1） ●月球的概貌（1） ●月地距离（1） ●使用天文望远镜（2） ●月相变化的规律（1） ●月相变化与农历的关系（1） ●月相的成因（1） ●月食和日食（成因 1＋日食类型 1＋月食类型 1）（3）	$G_2 = 10$	$S_2 = 11$	$T_2 = 3$

续表

教材	知识点及深度赋分	教材广度 （G）	教材深度 （S）	课时 （T）
浙教版 七年级（下）	●月球的概况（1） ●月地距离（1） ●人类对月球的探测（1） ●月相的成因（2） ●月相变化的规律（1） ●月相变化与农历的关系（1） ●月相与生活的关系（1） ●日食和月食（成因1＋日食类型1＋月食类型1）（3）	$G_3 = 11$	$S_3 = 10$	$T_3 = 2.5$
华师大版 七年级（上）	●人类对月球的探测（1） ●月球的概貌（1） ●月球的运动（1） ●月相的成因（1） ●月相变化的规律（1） ●农历和月相的关系（1） ●日食和月食（原因1＋日食类型1）（2） ●月地距离（1）	$G_4 = 9$	$S_4 = 9$	$T_4 = 2$
沪教版 七年级（下）	●月球的概貌（1） ●月相的成因（2） ●月相变化的规律（1） ●农历和月相的关系（1）	$G_5 = 5$	$S_5 = 4$	$T_5 = 1.5$

表 6-1-18　四套《科学》教材"月相"难度折算表

教材	可比深度（S/T）	可比广度（G/T）	教材难度
课程标准	3.20	2.80	3.000
武汉版	3.67	3.33	3.500
浙教版	4.40	4.00	4.200
华师大版	4.50	4.50	4.500
沪教版	3.33	2.67	3.000

　　此外，我们对"月相"主题相关的具体知识点及其学习水平层次要求
进行了具体梳理，结果如表 6-1-19 所示。从表中可以看出，在月球的概
况上，武汉版教材与课程标准的要求最吻合，华师大版和浙教版缺少了
"地月的距离"，同时华师大版增加"月球的运动"相关内容，其中包括月
球运动的周期、月的由来、月的长度等。沪教版只对月球的基本概况做
了粗略的介绍，涉及温度、没有水和空气、绕地球公转、地球的卫星，
但未介绍月球的面貌。关于月相部分，课程标准的要求注重对月相的观
察、掌握月相变化的规律，但对月相的成因没有明确要求，而四套教材
却都涉及月相的成因，且对其要求各不相同。华师大版要求"知道"、武
汉版和浙教版要求"了解"、沪教版要求"理解"。月相和生活的关系是浙
教版特有的内容，通过"STSE"栏目介绍了钱江潮的相关情况。在观察月
相的过程中，浙教版、华师大版和沪教版主要采取肉眼观察的方式，武
汉版则与课程标准的要求相一致，即要求学生学会使用望远镜观察宇宙。
月相变化规律和月相与农历的关系是各版本教材都有的内容，但在编写
方面各有特色。华师大版通过"阅读"栏目展现这两部分内容，并未组织
学生体验探究的过程，只需要学生通过图像进行总结。与华师大版相似，
在武汉版教材中也未强调月相变化与农历的关系，仅呈现了一张相关的
简略示意图。沪教版则用图像展现月相变化的规律，月相与农历的关系
则在练习题中要求学生观察后得出。浙教版在展现形式上更为丰富，通
过实验、图像、文字等多种形式描述与呈现月相变化，并注重学生的观
察与探究。关于日食和月食的成因，除沪教版之外的另外三个版本的教
材在课程标准的要求基础上均有所拓展，如增加了日食类型和月食类型
的内容。沪教版则没有日食和月食的成因相关的内容，这部分内容在上
海市被设置在并行开设的地理课程中。不同教材对上述三部分内容的设计
和编排也不相同。华师大版将月球相关内容整合编写在七上"月球和月相"
一节中，浙教版将月球相关内容编写在七下第四章第一节"太阳和月球"中，
而"月相"为第四节，"日食和月食"为第五节。武汉版与浙教版相似，将
球的概况编写在七上第四章第一节"太阳与月球"中，其他相关内容则在七
下第四章第三节"盈亏圆缺"中呈现。各版教材对每一个知识点的介绍涉及
面也有较大的区别，如图 6-1-1 所示的"人类对月球的探测"部分。

表 6-1-19 "月相"主题相关的具体知识点及其学习水平层次要求

内容	具体知识点	国家课标		武汉版		浙教版		华师大版		沪教版	
月球的概况	月球的概况	✓	1	✓	1	✓	1	✓	1	✓	1
	人类对月球的探测	✓	1	✓	1	✓	1	✓	1		
	地月的距离	✓	1	✓	1	✓	1				
	月球的运动							✓	1		
月相	月相的成因			✓	1	✓	2	✓	1	✓	2
	月相与生活的关系					✓	1				
	月相变化规律	✓	1	✓	1	✓	1	✓	1	✓	1
	使用天文望远镜	✓	2	✓	2						
	月相与农历的关系	✓	1	✓	1	✓	1	✓	1	✓	1
日食和月食	原因	✓	1	✓	1	✓	1	✓	1		
	日食类型			✓	1	✓	1	✓	1		
	月食类型			✓	1	✓	1				

图 6-1-1 "人类对月球的探测"部分插图

第二节　科学教材中的专题比较

国内外科学课程改革正在发生从"科学知识中心"到"科学素养中心"的转变。[①] 科学探究、科学实验、科学史、科学本质、STSE 教育等被世界各国视为科学课程改革的关键，并在各国的科学课程标准中得到彰显。科学教材依据科学课程标准编写，是重要的科学课程资源，是科学探究等专题内容得以实现的重要载体。这些专题内容在科学课堂中的实施成功与否和科学教材的编写具有直接关系。由此，不同版本科学教材中这些专题内容是否相同，其呈现方式是否一致等问题便值得深入分析。

一、不同科学教材中科学探究内容的比较

(一)科学探究的内涵

探究(inquiry)，这个词源于拉丁文的 in 或 inward(在……之中)和 quaerere(质询、寻找)。在《牛津英语辞典》中，探究是指"求索知识或信息，特别是求真的活动；是搜寻、研究、调查、检验的活动；是提问和质疑的活动。"[②]由此可见，探究是通过搜寻、研究、调查、检验的方式获得知识的一种活动。探究有广义与狭义之分，广义的探究是指一切发现和认识的活动，它包括科学家的研究活动以及一般人探索问题的活动，具有普遍性；狭义的探究是特指围绕解决某一问题，遵循一定步骤的、比较系统的研究活动。科学教育中的科学探究可以说就是一种狭义的探究。

科学探究包含科学家探究自然的活动和学生的探究学习两个层面，美国《国家科学教育标准》中对它的定义是："科学探究指的是科学家用以研究自然界并基于此种研究获得的证据提出种种解释的多种不同途径。科学探究也指的是学生用以获取知识、领悟科学的思想观念、领悟科学家研究自然界所用的方法而进行的各种活动。"[③]借鉴于美国科学教育标准中对于科学探究的理解，我国《义务教育初中科学课程标准(2011 年版)》

---

① 李雁冰. 科学探究、科学素养与科学教育[J]. 全球教育展望，2008(12).
② 陈琴，庞丽娟. 科学探究：本质、特质与过程的思考[J]. 教育科学，2005 (1).
③ [美]国家研究理事会. 美国国家科学教育标准[M]. 戢守志，等译. 北京：科学技术文献出版社，1999.

中指出在科学教育中的科学探究是指学生经历与科学家相似的探究过程，为获取知识、领悟科学的思想观念、学习和掌握方法而进行的各种活动。科学探究的基本要素包括提出问题，提出猜想和假设，制定探究方案，获取事实与证据，解释、检验与评价，表达与交流等。科学探究既是我国科学课程的课程目标又是课程内容，科学教育应使学生通过经历探究的过程掌握解决问题的基本方法，培养创新与科学思维的能力，养成科学探究的习惯。①

（二）科学教材中科学探究内容的整体分析

1. 活动类型

按活动方式的不同，科学探究可以划分为实验类、调查类与交流类三类活动。实验类探究活动主要包括探究、实验、测量、活动等进行验证或探索新知识与新现象的活动类型。科学是以实验为基础的一门学科，实验自然是科学探究的主要方式，学生在实验探究的活动过程中，积极参与、主动探究，通过实验观察、操作、测定、检验、交流等活动，培养交流与合作精神和科学探究的能力，掌握实验技能。实验类探究可以比较直观地向学生展示探究目的、原理和过程，呈现清晰直观的实验现象，加强对学生实验动手操作能力的培养，通过对实验现象和实验数据的整理分析，讨论总结归纳出实验结论。调查类探究活动指通过收集、查阅、参观、访谈、考察等途径获取相关信息，然后整理分析数据与信息，利用文字、图表等形式将调查过程和结果整理成文章、报告或设计方案等呈现。调查类探究活动的探究水平层次要求较高，需要学生深入社会生活，通过书籍、媒体等各种渠道获取丰富的信息，这种探究活动一般在课外完成。

交流类探究活动是一种学生围绕某一问题或主题进行交流和讨论，表达自己的观点，通过交流来完善观点、发散思维的活动。在科学教材中的"思考与讨论""想一想"等栏目都是倡导学生交流共享的探究活动设计。

在我国四套《科学》教材中，均通过不同的栏目设置呈现了一定的科

---

① 中华人民共和国教育部．义务教育初中科学课程标准（2011年版）[S]．北京：北京师范大学出版社，2012.

学探究内容。浙教版教材中设置了"活动""思考与讨论""实验""探究"以及"读图"五个栏目，其中"活动"和"思考与讨论"两个栏目平均在每节内容中分别有2～3个。而"思考与讨论"和"读图"属于交流类科学探究，"活动"栏目则根据内容的不同有时是实验类科学探究，有时是调查类科学探究。如七年级上册第3页中的乒乓球实验活动（实验类）、七年级上册第5页中了解家用电器的活动（调查类）。"实验"与"探究"两个栏目则属于实验类科学探究，整套教材共有24个"实验"和26个"探究"，平均每章一个"实验"和一个"探究"。

华师大版《科学》教材中设置了"活动""思考与讨论""学生实验""探究课题"四个类型的科学探究栏目。其中，"活动"栏目所占比重明显高于其他三种栏目，约占60%，是教材中获取科学知识和技能的主要科学探究栏目。其次是"思考与讨论"栏目，约占30%。"学生实验"和"探究课题"科学探究栏目则相对较少。四种栏目中，"学生实验"与大多数"活动"栏目为实验类科学探究，通过科学实验来引导学生获取知识与技能，实验类探究在探究活动中占比超过50%。其次是交流类探究活动，它以"思考与讨论"栏目为主，约占探究活动的三分之一。调查类的主要栏目设置是"探究课题"栏目和"活动"栏目中的少数活动。整套教材中共有14个探究课题，这类活动对学生的要求较高，"活动"栏目中的调查类活动有52个，大约占该栏目的五分之一，主要涉及生命科学和地球科学两个领域。物质科学领域当中的"活动"栏目则以实验类为主。

沪教版《科学》教材设置以"体验与活动"为主，每小节内容的学习主要都是通过"体验与活动"栏目进行探究。除"体验与活动"外，还有"综合探究"栏目，但数量较少，整套教材总共不到15个，主要以实验类科学探究呈现。而"体验与活动"栏目对三种类型的探究活动都有涉及，其中最多的是实验类探究，其次是交流类（这两类占比相近），调查类最少，大约只占十分之一。

2. 开放水平

科学探究具有过程性与开放性，根据科学探究各要素呈现是否完整，可分为完整的科学探究和不完整科学探究。完整的探究是指学生经历提出问题，猜想与假设，设计探究方案和展开调查从而获取证据，解释、检验与评价，表达与交流一个完整的过程。而不完整的科学探究是指探究活动只包含部分探究要素，有些活动只有一个探究要素，有些有两个或三个。本研究将科学探究分为五个要素，包括提出问题，猜想与假设，获取证据，解释、检验与评价，表达与交流。在科学教材的科学探究活动中，这五个要素直接出现得越少，说明该探究活动的开放程度越高，其对学生的探究水平层次要求也越高。本研究对此的具体设定如表 6-2-1 所示。水平 1，教材中直接给出前四个探究要素，学生只需要根据直接获得的结果进行交流与讨论，进一步拓展应用于解决生活中的相关问题，为最低的开放程度及探究水平；水平 2 则是教材给出前三个要素，需要学生自己根据探究的过程自行得出结论；水平 3 中，问题和方法由教材给出，由学生自己设计探究过程并开展调查，最终形成结论；水平 4 中，问题由教材给出，学生自己根据问题开发和使用模型，找到探究的方法，并结合探究工具进行具体操作，最终得出结论；最高的水平 5，学生根据教材中提供的背景资料自己提出可探究的问题，根据问题设计方案，自主进行探究的整个过程。

表 6-2-1　探究活动的开放程度与水平层次要求

水平	提出问题	猜想与假设	获取证据	解释、检验与评价	表达与交流
1	√	√	√	√	?
2	√	√	√	?	?
3	√	√	?	?	?
4	√	?	?	?	?
5	?	?	?	?	?

　　华师大版的探究活动主要以不完整的科学探究为主，约占探究活动的 90%，其中"思考与讨论"栏目一般只给一个要素即提出问题，让学生根据已有的知识经验进行思考后交流。"活动"栏目中的探究绝大多数只包含 2 个要素。相对完整的探究活动则主要在"学生实验"和"探究课题"两个栏目中出现。其中"学生实验"通常属于水平 2，即给出 3 个探究要素。

　　浙教版的探究活动也多为不完整的探究活动，同样是以"活动"和"思考与讨论"两个栏目为主，而完整的探究活动主要在"实验"和"探究"栏目呈现。探究活动的水平多为水平2和水平3，也有少数其他水平的探究活动，如在七年级上册第69页"探究"栏目的活动是让学生探究"蚯蚓是怎样生活的"，要求学生通过观察和实验自己提出探究问题，然后制订计划，进行实验，整理实验数据，得出结果，与同伴交流，这是一个符合水平5的探究活动。

沪教版科学探究活动以"体验与活动"栏目为主，主要也是不完整的科学探究活动，大多为包含1个或2个要素。个别探究活动为完整科学探究活动，如，七年级上册第51页和第60页探究热传导的活动。"综合探究"栏目多为相对完整的探究活动，不过水平层次要求较高，多数为水平3，即给出问题与探究方法，学生需自己或与教师一起设计方案开展探究。

二、不同科学教材中科学实验内容的比较

（一）科学实验的内涵

科学实验是从人类的生产活动中分化出来的，16世纪成为一种独立的社会实践活动，并成为近代自然科学的标志。科学实验通常指运用一定的仪器设备，在人工控制条件下，观察研究自然现象及其规律性的特殊的社会实践形式。科学实验是获取经验事实和检验科学假说、理论真理性的根本途径，它包括三个基本要素：实验者（主体）、实验对象（客体）以及实验手段（仪器、设备等）。科学实验涉及的学科领域比较广泛，如心理实验、教学实验、物理实验、教育实验以及以实验为基础的引导探索等。对于科学课程而言，实验是课程实施的基础之一，是学生进行科学学习的重要途径，能帮助学生构建科学知识、加强科学探究能力，提升科学素养。科学实验也是进行科学探究的主要方式之一。科学课程标准中强调以人为本，培养自主独立、具有创造性和适应社会的能力的学生，而科学实验无疑能够直接有效地培养学生的自主探究能力与科学探究习惯。

（二）科学教材中科学实验内容的整体分析

科学实验是学生学习科学的重要途径，因此在科学教材中设置各种科学实验活动是十分必要的。在我国不同版本的科学教材中均设有多样化的栏目来呈现科学实验，如浙教版中涉及科学实验的栏目有"活动""实验""探究"等，华师大版中有"活动""学生实验""探究课题"等，武汉版中有"实验""科学探究""活动""课外活动"等，沪教版主要是"体验与活动"

"综合探究"等。科学教材中的科学实验的呈现方式体现着实验教学的理念与目标,对于同一个科学实验而言,由于科学教材的设计理念不同,其呈现方式上也会存在差异。各版本的科学教材为更好地发挥实验教学的功能,设置了多样化的科学实验内容呈现方式,主要包括验证实验式、自主设计式、探究实验式等。

验证实验式是指学生将已知的实验结论或科学知识通过实验再次验证,包括实验目的、器材准备、实验步骤、实验结果及分析,学生依照教材步骤完成实验,只需验证结论是否与已知的知识或结论一致。自主设计式是指在已知实验目的和提供实验器材的条件下,根据已具备的科学知识,学生自主设计实验方案来进行实验。这种呈现方式将科学实验内蕴含的探究过程简易化,有助于学生有目的地完成实验方案的设计,也有助于学生在设计实验的过程中发展创新思维。探究实验式是指教材给出确定的某个问题或主题,学生根据教材中的引导以及已有的知识经验,有目的地进行探究与操作,对数据或现象进行分析。探究式的实验是在学生未知结论的情况下,通过对某一问题进行实验探究,而获得新的科学知识的过程。各版科学教材中科学实验的相关栏目、数量及呈现方式如表 6-2-2、表 6-2-3 所示。

表 6-2-2　各版科学教材中科学实验的相关栏目与数量

版本	栏目	实验数量
浙教版	活动	183
	实验	27
	探究	21
华师大版	活动	178
	学生实验	26
	探究课题	3
武汉版	实验	145
	科学探究	15
	活动	38
	课外活动	6

表 6-2-3　各版科学教材中科学实验的呈现方式

呈现方式	浙教版	华师大版	武汉版
验证实验	11	11	4
自主设计	11	7	16
探究实验	209	189	184

　　可以发现，各版科学教材中的科学实验呈现形式主要以探究式为主，相比较之下自主设计实验与验证实验极少，其中的原因在于，自主设计实验对学生的要求较高，学生要根据已有的知识经验对某一问题或主题进行实验设计，不仅考验学生对相关知识的理解与掌握，更考验学生的科学思维，对于学生而言难度较大。而验证实验主要是为了验证某一已知结论，更多起到的是一种技能训练的作用，在学生兴趣与思维培养方面的效果不如探究实验。

　　从表 6-2-2 中能够看出浙教版与华师大版的科学实验主要分布在"活动"栏目，而该栏目多为一些小活动，而武汉版主要分布在"实验"栏目，该栏目更注重科学实验的完整性。如关于水的三态变化的实验，武汉版在实验的呈现上是一个完整的过程，包含实验仪器、实验步骤、分析与思考等一系列实验要素的呈现。沪教版则只以一个加热冰的实验呈现，包含三个环节：将水放入烧杯；小火加热；煮沸，三个步骤分别配有示意图，对于具体的操作步骤并没有详细地给出，因而在实验内容的设置上相较其他三个版本略显简单。华师大版对科学实验的呈现形式比较多样，如有步骤比较具体的"冰的熔化"实验活动、完整的"水的沸腾"实验以及内容较为简单的"水蒸气液化"的小活动。浙教版则是以几个小活动以及一系列探究实验活动的方式呈现，这些活动也涵盖了熔化与凝固、汽化与液化、升华与凝华等物态变化的实验。可以说，浙教版科学教材在科学实验的设置形式上比武汉版、沪教版和华师大版更为全面，如水的三态变化实验，浙教版通过实验呈现了从固体→液体→气体和气体→液体→固体两个过程，而武汉版和沪教版只呈现了固体→液体→气体这一过程，华师大版也没有呈现液体→固体的过程。

　　就进行科学实验的水平层次要求来说，沪教版教材大多对实验的过程与步骤并没有进行具体详细的文字描述，而是以较为简洁的文字与图片呈现，水平层次要求较高，需要学生具备相当的科学探究思维与能力。同时，沪教版教材的文本中对具体知识的呈现极少，需要学生通过实验探究得到。武汉版的科学实验大多以完整的实验形式呈现，会给出具体的详细的操作步骤，相较之下更注重相关实验技能的训练，并且在每章节末都设有技能训练的栏目。武汉版还较为突出对于实验方法的呈现，在大多实验内容里都会以一个色框对具体某一实验方法进行介绍与说明，如水的三态变化实验中的蓝色框内呈现了"如何提高测量的准确性"，除此之外在后续的实验中还介绍了控制变量法、对照法、变量比较、模拟法等。而浙教版与华师大版教材综合了沪教版与武汉版呈现科学实验的特点，既注重探究思维与能力的培养，也注重操作技能的训练。

三、不同科学教材中科学史内容的比较

(一)科学史的内涵

科学史是以科学发展为研究对象的历史科学，是人类文化史的重要组成部分。科学史描述和解释科学知识产生、发展与系统化的进程，是近代科学发展到一定阶段的产物。[1] 科学史是人类认识自然和改造自然的历史，主要研究的是历史上已经发生过的科学事件，主要从科学知识的产生过程、科学知识的发展过程、科学发展的历史背景等方面进行研究。

科学史包括微观科学史、中观科学史和宏观科学史。微观科学史是指具体的科学发现经过的历程，是某一科学领域发展历史中的一个断面，时间跨度较短，可以展示科学家在科学发现中的思维方式、科学方法和科学精神。中观科学史是指某一科学领域的发展过程，常常由有关领域科学革命来分隔，时间跨度较长，能够反映科学知识产生、发展的规律。宏观科学史是指整个科学的发展历史，研究学科与学科、科学与社会等其他因素的关系。[2]

在教学中渗透科学史，能够有效的帮助学生理解科学本质，促进学生对科学知识的构建，提高学生的人文素养，培养学生的批判精神。[3] 科学史是理解科学本质的良好载体，为学生理解科学知识的本质提供素材，

---

[1] 夏征农，主编. 辞海[M]. 上海：上海辞书出版社，1999.

[2] 谷荣荣. 高中生物教材中科学史的内容分析[D]. 开封：河南大学硕士学位论文，2013.

[3] 李雁冰，邹逸. 科学史融入科学教育的几个现实问题[J]. 全球教育展望，2012(10).

让学生认识到科学是不断发展的，同时了解科学思想的演变过程。"读史使人明智"，科学史还具有人文性，有助于培养学生的人文素养。在学习科学史的过程中，跟随科学家的探索脚步，学习他们探索科学的方法与思维，体会科学与技术相互促进发展，能为学生提供一个正确认识科学、技术、社会之间的联系的情境。学习科学史还能了解科学家追求真理的过程，从中学习科学家的求知、批判与创新的科学精神。总之，科学史教育重视科学中的人性因素，融合了科学精神与人文精神，是学生养成正确科学文化观、提升科学素养的重要方式。

(二)科学教材中科学史内容的整体分析

在各版科学教材中，科学史内容的呈现方式有不同的类型，并出现在不同教材设计的不同栏目中。如华师大版教材的"小资料""视窗""科学家小注""阅读""科学·技术·社会·环境"等栏目。浙教版则主要是"阅读"与"科学·技术·社会·环境"两个栏目。武汉版主要是"阅读材料"栏目。科学教材中对学生学习不同科学史内容的要求也不同，因此，学生科学史学习活动性质、活动水平与活动方式也存在着不同。以下通过对教材中的科学史材料类型以及学习活动的比较分析，了解不同教材对于科学史的融入情况。

科学教材中的科学史材料的类型主要包括科学知识(科学事实、规律、概念、原理、定律、模型、理论等)、科学知识产生和发展的过程及其科学发展的背景、科学技术与社会等，也可大致将其分为科学发展、科学家、科学技术社会三个方面。科学发展是科学知识的产生与发展过程及背景，科学发展史能够使学生了解科学知识的来龙去脉与变化发展，从中培养学生的批判、创新、求真等科学精神。科学家是指教材中对某位科学家的生平、研究工作等进行介绍，从科学家身上学习他们的科学精神，进而对学生的学习与成长产生影响。科学技术社会方面的材料则能使学生充分体验人类的创造性，理解科学不断探索自然、探索宇宙的性质，并形成用科学改变生活的思维意识。

科学史相关的学习活动，或者说学生学习科学史的方式，主要有指导性方式与非指导性方式。指导性方式是学生在课堂教学中通过教师的指导对相关科学史材料进行分析与理解。非指导性方式是指学生通过自主阅读了解科学史材料，它通常是非强制性的，学生可根据自身的兴趣和需要进行选择性学习。科学教材中的科学史材料类型，以及科学史学习活动的性质、水平和方式概括如表 6-2-4、表 6-2-5 所示。

表 6-2-4   科学教材中的科学史材料类型

类型	解释
科学发展	提到某个科学发现或概念、原理、观点、理论、定律等，或是科学知识的产生与发现过程及科学发展的社会文化背景
科学家	主要包括科学家的生平、研究工作和贡献、性格特征、奇闻轶事的简介
科学技术社会	主要涉及科学对技术和社会的影响，或技术的发展

表 6-2-5   科学教材中的科学史学习活动

一级指标	二级指标	说明
活动性质	强制的	科学史作为正文中基础内容的出现
	自由的	科学史作为拓展材料或选学内容或正文中的随意材料(小字部分)、问题探讨、练习、旁栏出现
活动水平	正常	科学史材料后没有呈现问题，用于说明学习的目的或困难程度
	加深	科学史材料后呈现问题，用于说明学习的目的，进一步促进学习
活动方式	指导阅读	对历史材料中涉及的问题进行分析，问题不仅仅涉及对实验数据的分析
	非指导阅读	仅仅阅读呈现的历史材料

通过对各版科学教材中科学史材料的类型统计(以一节内容中的小标题为一个单位)，发现华师大版教材设计的科学史材料的类型比其他版本的多一些，但各版本教材在类型的数量占比上是类似的，"科学发展"相对另外两种类型的数量更多，"科学家"与"科学技术社会"两个类型在数量占比上相差不多(见表 6-2-6)。从各版本科学教材中科学史的学习活动来看，以"自由""正常"的"非指导性"阅读为主(见表 6-2-7)。相比较而言，浙教版的强制性内容稍多一些，即在教材正文中呈现的关于科学史的内容比其他版本的多一些。

表 6-2-6　各版科学教材中科学史材料的类型统计

类型	浙教版	华师大版	武汉版
科学发展	29	40	34
科学家	13	20	14
科学技术社会	18	26	15

表 6-2-7　各版科学教材中科学史的学习活动统计

学习活动		浙教版	华师大版	武汉版
活动性质	强制	17	13	4
	自由	43	73	59
活动水平	正常	52	85	63
	加深	8	1	0
活动方式	指导阅读	8	1	0
	非指导阅读	52	85	63

在各版本的科学教材中，科学发现、事件以及科学家的选择上基本相同。科学发现包括细胞学说、显微镜的发明、微生物学的建立、发现植物生长素、原子、原子结构模型、元素周期表、电与磁的发展、爱因斯坦相对论、从日心说到地心说、大陆漂移学说与板块学说、行星的发现、人类探索宇宙的历程、航天事业的发展、动植物命名的统一、阿基米德定律、胰岛素的发现与人工合成、巴普洛夫发现条件反射、人造心脏、多普勒效应、生命的起源、物种起源、DNA 双螺旋结构的发现、遗传规律的发现、弗莱明与抗生素、热的认识史、放射性的发现、曼哈顿工程、超导现象、欧姆定律、电话、能量守恒定律的建立等。科学事件有生物圈 2 号试验、飞船失事、马德堡半球实验、火山爆发、日本地震，等等。科学家包括林耐、牛顿、阿基米德、竺可桢、巴普洛夫、欧姆、法拉第、门捷列夫、侯德榜、哥白尼、伽利略、霍金、加莫夫、爱因斯坦、袁隆平等。

虽然不同版本科学教材对科学史的内容选择基本相同，但在科学史学习活动的要求上存在不同，如不同版本的科学教材关于生物遗传部分的科学史内容就存在着差异。华师大版呈现了"沃森和克里克发现 DNA

双螺旋结构"和"人类基因组织计划和水稻基因组研究"两个"阅读"栏目，并在"科学家小注"栏目介绍了遗传学家孟德尔与摩尔根。这些科学史料都属于非指导性阅读的学习活动方式，学生可自主选择是否以及如何进行了解。在沃森和克里克发现 DNA 双螺旋结构中提到沃森和克里克"怀着对遗传物质 DNA 极大的好奇心，应用 X 射线衍射技术结合化学理论……发现并建立了 DNA 双螺旋结构"，从中渗透科学发现需要保持对学科、对自然的好奇心。人类基因组织计划和水稻基因组研究主要体现了科学技术对社会发展的影响，即人类利用科学技术改善生活、解决人类面临的难题。在"科学家小注"对孟德尔的介绍当中提到孟德尔"在 8 年间进行了 325 次不同性状的豌豆杂交试验，用了 3 年时间整理试验结果"，为学生展现了科学定律并不是轻易就能获得的，需要坚持不懈、不断尝试的科学精神。

浙教版教材关于 DNA 双螺旋结构的发现并没有做具体的说明，只是在教材正文中写到"1953 年，美国科学家沃森和英国科学家克里克提出了DNA 双螺旋结构模型"这一句话，属于强制的内容，而对 DNA 双螺旋结构的提出过程并没有说明，可以看出浙教版只要求学生了解 DNA 双螺旋结构的提出者。浙教版还在"科学·技术·社会·环境"栏目中，介绍了人类的基因计划，以及在"阅读"栏目中，介绍了袁隆平及他的杂交水稻研究贡献，这两个栏目都属于非指导性阅读的科学史学习活动。

武汉版教材中关于 DNA 双螺旋结构的发现的科学史内容设置与浙教版相近，在教材正文中呈现了同样一句话，并在"阅读材料"栏目中也介绍了人类基因组计划。不同的是，武汉版虽然在教材正文中提到了我国在杂交水稻研究方面的成就，但并没有提到做出贡献的科学家是谁，教材正文的原始表述是"20 世纪 50 年代后期，我国科学家利用水稻矮秆基因，率先培育出一批矮秆、高产的水稻品种，促使我国的水稻平均单产实现了一次重大飞跃"。关于孟德尔与摩尔根这两位科学家，武汉版教材将其以课外学习活动的形式进行安排，要求学生课后查阅相关资料，以"伟大的科学家——孟德尔（或摩尔根）"为主题，在全班进行交流。

总的来看，各版科学教材中的科学史内容的呈现各有优劣，华师大版对于主要的人物与事件呈现得相对比较全面，并在其中渗透了科学精神。武汉版教材与其他教材相比虽然在科学史内容的呈现上相对较弱，但其优点在于很多科学史学习活动安排在课外，通过学生自主查找资料来了解和学习科学家探索科学的故事，以及其中蕴含的科学思维与科学精神，并且通过交流分享的方式提升学生的科学表达与交流能力。

四、不同科学教材中科学本质内容的比较

(一)科学本质的内涵

科学本质是关于"科学是什么"的问题，其概念较为抽象，主要是对科学所具备的特征的认识。关于科学本质的内涵在学界尚未形成统一的观点，学者们对科学本质的认识一般涉及"科学知识本质"与"科学探究本质"两个方面。对科学本质理解得较为权威的观点有：(1)鲁巴和安德森的科学知识本质观，认为科学本质具有六个基本特征，包括①非道德性，即科学知识没有好坏之分；②创造性，科学理论是一种创造；③发展性，即科学知识并非绝对真理，能够被修改与推翻；④简约性，对同一现象的解释，选择较为简单的理论；⑤可验证性，以证据为基础，可重复验证；⑥同一性，各领域的科学学科构成一个科学知识整体。(2)科莱特和奇尔伯特的科学探究本质观，认为科学本质就是科学探究，指出科学探究是探索自然界的一种思考方式，科学知识是暂时的、动态的。(3)美国莱德尔曼(Lederman)教授指出在科学教育中科学的本质是科学认识论，科学是获取知识的一种途径，或是与科学知识的发展相一致的价值观与信念。科学本质包括七个方面的特征：①科学知识具有暂定性；②知识以经验为基础；③科学研究有一定的主观性；④科学知识需要创造力；⑤科学受社会背景的影响；⑥科学知识需要逻辑与推理能力；⑦区分科学理论与定律。在这三种观点中，莱德尔曼教授对科学本质的认识相对而言较为全面，也更被国际科学教育领域的研究者所认同。

总的来说，科学本质是科学教育的核心目标，科学课程是体现科学本质的课程，科学课程要引导学生认识科学本质，从而促进学生的科学认知、科学探究能力、科学情感态度以及科学素养的提升。因此，分析科学教材中的科学本质具有重要意义。

(二)科学教材中科学本质内容的整体分析

结合上述不同学者关于科学本质的界定，本研究对各版科学教材中的科学本质内容的分析主要包括以下几个方面：

暂时性：指科学知识易受新的观察及对原有观察的重新解释而影响，科学本质的其他方面为科学知识的暂时性提供了依据，例如，"日心说"取代了"地心说"。

基于证据的：指科学知识是基于对自然世界的观察，科学是以实证为基础的。如科学教材中提到的"大量实验表明""通过实验证明"等都是基于证据的体现。

主观性：指科学受当前科学定律与理论的影响，问题的提出、探究的开展及数据的解释都是基于理论渗透的，这种不可避免的主观性有助于解释科学随着原有证据基础上的新解释而变化。个人的主观性也是不可避免的，科学家对研究目的的明确与研究工作的开展，超越不了科学家的个人价值观、情感态度与原有经验的影响。例如，不同人对同一现象的观点不同等。

创造性：科学知识是基于人类想象与逻辑推理的，创造性基于对自然世界的观察与推测，主要体现在一些科学家的发明，或是科学家的创造性的猜想与推测上。

渗透文化与社会因素：科学的发展受社会、文化价值影响，在某种程度上价值观与文化期望决定着科学家从事的研究及怎样开展、如何解释。如，"日心说"因动摇神权统治的思想基础，而被封建教会势力所抵制。

区别观察与推测：科学基于观察与推测，观察是指通过人类感官及借助仪器收集信息，推测是对这些观察的解释。当前科学及科学家的观点引导着观察与推测，多元观点有助于对观察的多种有效理解。科学教材中呈现的"通过观察而推测出……"即是这一方面的体现。

区分理论与定律：科学定律与科学理论是不同种类的科学知识，定律描述了对自然现象的观察及联系，它提供的是事实的知识，而不是对事实为什么如此的解释，理论提供的是对自然现象的解释及因果机制，是说明为什么存在着某个现象及现象是如何发生的。科学定律与科学理论间是不能相互转化的，即两者在性质与功能上属于不同类型的知识。如月相变化规律就属于定律，而"日心说"则为理论，它解释了地球绕太阳旋转这一自然现象。

基于上述准则，对各版本《科学》教材中的科学本质内容进行了比较分析，以一节内容中的小标题为一个单位找出了不同版本《科学》教材中关于科学本质七个方面的呈现数量，详见表 6-2-8。从表格中可以看出，关于科学本质内容体现最多的一方面是"基于证据的"，由于《科学》教材中实验内容的呈现较多，许多科学知识的学习多是通过实验的方式获得，因而"基于证据的"这一方面在科学教材中体现较多。通过比较还发现四套《科学》教材中，浙教版对于科学本质各方面内容的呈现都比其他三个版本的多，其次是华师大版。而武汉版与沪教版《科学》教材主要呈现的是实验与活动，对于具体科学知识的描述性文本呈现极少，尤其是沪教版教材，其活动占据了教材百分之九十以上的篇幅，并无过多的文字体现科学本质。

表 6-2-8　各版本《科学》教材中的科学本质内容统计

七个方面	浙教版	华师大版	武汉版
暂时性	22	15	10
基于证据	128	85	30
主观性	19	10	8
创造性	41	28	10
渗透社会文化因素	9	5	2
区别观察与推测	17	14	7
区分定律与理论	42	15	15

五、不同科学教材中 STSE 内容的比较

（一）STSE 的内涵

STSE 是"Science，Technology，Society，and Environment"，即"科学·技术·社会·环境"的英文缩写。STSE 教育是科学教育的一种指导思想，强调科学、技术、社会、环境四者之间的关系，其基本理念在于把科学教育和当前的社会发展、社会生活、生存环境等紧密结合，使学生关心社会的发展，激发学生学习科学的情感，并在此过程中形成强烈的未来意识和参与意识，了解科学技术及其作用，致力于学好本领并能参与科学技术决策，成为具有良好科学素养的人才。STSE 教育旨在引导人们重新认识科学、技术、社会、环境之间的复杂关系，以保证人类文

明长期发展。[①]

STSE 教育是 STS 教育与环境教育的融合。20 世纪 60 年代开始，人类开始发现科学技术的发展除了给社会带来巨大的利益之外，也暴露出越来越多的弊端，层出不穷的社会问题、环境问题使人类开始对科学技术产生怀疑，科学教育也因此面临着危机。于是，美国针对这一问题提出了 STS(科学·技术·社会)教育的理念，20 世纪 70 年代初，美国部分学校开始开设 STS 主题课程。美国对 STS 教育的宣传与推动影响着世界各国的科学教育改革，各国科学教育相继投身到 STS 教育的研究与实践当中。随着科技的发展，保护环境成为一个持续发展的课题，随着美国1996 年的《国家科学教育课程标准》提出了 STSE 教育后，各国的科学课程标准也将 STS 的说法发展为 STSE。在我国，STSE 也一直是科学课程内容中的一个重要组成部分。

(二)科学教材中 STSE 内容的整体分析

各版科学教材对 STSE 内容的编排主要体现在相关栏目中，描述科学与技术之间的影响，科学技术与社会环境之间的影响以及社会与环境之间的影响。本研究比较分析了不同科学教材中 STSE 呈现的数量(以每节内容的小标题为一个单位)以及篇幅，以了解科学教材中 STSE 内容编排的基本信息，以及相应的编写特点，详见表 6-2-9、表 6-2-10。

表 6-2-9　各版本《科学》教材中 STSE 内容的数量与篇幅统计

教材	浙教版	华师大版	武汉版
数量	242	230	122
文字篇幅	95	81	44.6
图片篇幅	28.5	30	8.8

---

① 邓敏.内地与香港高中生物教材中 STSE 教育的比较研究[D].上海：华东师范大学硕士学位论文，2009.

表 6-2-10　各版本《科学》教材中 STSE 内容的相关栏目及数量统计

版本	栏目	数量
浙教版	正文	122
	阅读	22
	科学·技术·社会·环境	57
华师大版	正文	92
	小资料	33
	阅读	25
	视窗	47
	科学·技术·社会·环境	29
	科学家小注	4
武汉版	正文	63
	活动	5
	小资料	8
	阅读材料	46

统计结果显示，浙教版与华师大版科学教材中都设有专门的"科学·技术·社会·环境"栏目，浙教版中该栏目有 57 个，华师大版中有 29 个。此外，华师大版在"视窗"和"小资料"栏目中也较多地体现了 STSE 的相关内容。而武汉版与沪教版中并没有设置专门的 STSE 栏目。从表格中可以看出浙教版与华师大版在 STSE 内容的编排较多，而相比较之下沪教版与武汉版在这方面内容的呈现比较少。

各版本教材对 STSE 的内容设有专门的章节。如浙教版九年级下册第四章"可持续发展"，主要呈现了科技以及社会的发展对环境的影响，也呈现了环境对人类社会的影响。华师大版在九年级下册的第六章"能源与社会"中呈现了社会对环境的利用，第七章"科学与技术发展"主要包括科学推动技术的发展、科学技术推动经济增长以及科学技术与可持续发展等内容。华师大版中安排了两章 STSE 的内容，这两章的内容编排比较侧重于呈现科技对社会发展带来的积极影响，而关于科技与社会发展对环境产生的消极影响却较少体现，只是在"科学技术与可持续发展"当中用了两小段文字提到，比如当今社会进行环境治理的一些举措。关于空气污染的议题则在七年级下册"保护大气圈"这节内容中有所涉及。浙教版在"可持续发展"这一章关注的科技与社会发展带来的环境问题比华师大版的多一些，这章的第一节就是"人类发展与环境问题"，不仅以文字呈现，在"读图"栏目中还有多张图片，让学生思考人类所面临的环境问题及其对个人生活的影响。武汉版在九年级下册的第五单元"人与自然"和第六单元"科学技术与人类"中涉及了人口问题、水污染、土地退化、大气污染等环境问题，以及抗生素及其滥用的危害、粮食工程、航空航天技术、通信技术、能源、核武器、基因工程、交通与环境等科学技术对社会的影响。虽然在总体篇幅与数量上相对较少，但武汉版在这两个单元中比较全面地呈现了科学、技术、社会、环境四者之间的相互影响。沪教版在七年级第一学期第八章"能与能源"和七年级第二学期第十四章"人与自然"中，通过读图、交流、调查观看录像等活动，让学生了解人类对能源的利用、环境对人类以及人类对环境的影响。沪教版对STSE内容的呈现主要通过活动的形式，引文相关文字较少，图片较多。

除了上述的专门针对 STSE 内容的章节外，各版本《科学》教材在其他章节中也有渗透 STSE 的内容。如各版科学教材中关于声音的章节编排都涉及了社会的发展带来的噪声污染对人类的危害，除沪教版以外的其他三个版本中还编入了次声波与超声波在人类生活的应用。如浙教版在正文中提到医院中使用的超声波诊断仪检查胎儿、日常生活中的超声波清洗器、超声波牙刷等，并设置了"阅读"栏目介绍我国古代声学方面的成就。华师大版正文中也提到了超声波诊断仪和超声波侦察敌潜艇，还设置了"科学·技术·社会·环境"栏介绍科学家研究水母的听觉器官并设计出"水母耳"仪器用来探测风暴。武汉版则在"活动"栏目中以资料的形式呈现了部分 STSE 内容，让学生阅读资料思考相关问题，如资料中介绍了利用超声波的声呐与 B 超检查，以及利用次声波监听与探测。

不同版本科学教材在 STSE 内容的主题单元上是类似的，如上文提到的关于声学主体的 STSE 内容。但在相关 STSE 内容的数量上有所不同，如浙教版与华师大版中 STSE 相关的章节和栏目数较多，编排形式也很丰富，而武汉版的 STSE 内容在数量上相对较少，编排形式也较为简单。沪教版中的 STSE 内容也相对较少，且对 STSE 内容的编排形式更为简洁单一，主要在探究活动中有所涉及。

参考文献

中文部分

[1]蔡铁权，陈丽华．渐摄与融构——中西文化交流中的中国近现代科学教育之滥觞与演进[M]．杭州：浙江大学出版社，2010．

[2]陈琴，庞丽娟．科学探究：本质、特质与过程的思考[J]．教育科学，2005（1）．

[3]崔鸿．初中科学教材难度国际比较研究[D]．武汉：华中师范大学博士学位论文，2013．

[4][美]约翰·杜威．学校与社会·明日之学校[M]．赵祥麟，等译．北京：人民教育出版社，2004．

[5]邓敏．内地与香港高中生物教材中STSE教育的比较研究[D]．上海：华东师范大学硕士学位论文，2009．

[6]范雪媛．综合科学课程实施的影响因素分析——东北师大附中"自然科学基础"改革的个案及其对现行初中《科学》课程的启示[D]．长春：东北师范大学硕士学位论文，2006．

[7]范印哲．教材设计导论[M]．北京：高等教育出版社，2003．

[8]冯清高．加拿大科学课程的改革与发展[J]．广东职业技术师范学院学报，2002(2)．

[9]冯增俊．中国台湾中小学课程世纪变革探析[J]．教育科学，2005（2）．

[10][美]国家研究理事会．美国国家科学教育标准[M]．戢守志，等译．北京：科学技术文献出版社，1999．

[11]郭爵湘．2014版英国国家课程标准研究[D]．重庆：重庆师范大学硕士学位论文，2015．

[12]郭晓明．回归以来澳门教育制度的变革[J]．全球教育展望，2009(5)．

[13]黄爱坚．初中科学教材比较[D]．武汉：华中师范大学硕士学位论文，2006．

[14]胡军．加拿大1—8年级科学与技术课程标准（2007修订版）研究[J]．课程·教材·教法，2008（6）．

[15]胡献忠．新版英国《国家科学教育课程标准》及其启示[J]．全球教育展望，2001(3)．

[16]中华人民共和国教育部高等教育司．普通高等学校本科专业目录和专业介绍（2012年）[M]．北京：高等教育出版社，2012．

[17]中华人民共和国教育部．义务教育初中科学课程标准（2011年版）[S]．北京：北京师范大学出版社，2012．

[18]自然科学基本学力要求[S]，2013．

[19]李高峰．课程难度模型运用中的偏差及其修正——与史宁中教授等商榷[J]．上海教育科研，2010(3)．

[20]李雁冰．科学探究、科学素养与科学教育[J]．全球教育展望，2008(12)．

[21]李雁冰，邹逸．科学史融入科学教育的几个现实问题[J]．全球教育展望，2012(10)．

[22]李园园．初中科学教材知识结构体系的比较研究[D]．武汉：华中师范大学硕十学位论文，2008．

[23]廖哲勋．课程学[M]．武汉：华中师范大学出版社，1991．

[24]林长春，黄晓．小学科学课程标准与教材研究[M]．北京：高等教育出版社，2020．

[25]潘苏东．从分科走向综合——初中阶段科学课程设置问题的研究[M]．北京：中国轻工业出版社，2004．

[26]全国教育联合会新学制课程标准起草委员会．新学制课程标准纲要[Z]．上海：商务印书馆，1925．

[27]谷荣荣．高中生物教材中科学史的内容分析[D]．开封：河南大学硕士学位论文，2013．

[28]上海市教育局教学研究室综合理科研究小组．关于上海义务教

育阶段在初中设置综合理科课程的必要性和可行性第一轮（1988－1991）试验报告，1991(9).

　　[29]上海市中小学(幼儿园)课程改革委员会．科学教学参考资料 六年级 第二学期(试用本)[M]．上海：上海教育出版社，2007.

　　[30]上海市教育委员会．上海市初中科学课程标准(试行稿)[M]．上海：上海教育出版社，2004.

　　[31]施良方．课程理论——课程的基础、原理与问题[M]．北京：教育科学出版社，1996.

　　[32]苏朝辉，等．澳门课程改革背景、取向与展望[J]．全球教育展望，2009(5).

　　[33]国民教育阶段九年一贯课程总纲[Z]，1998.

　　[34]自然与生活科技学习领域[S]，2003.

　　[35]自然与生活科技学习领域(修订)[S]，2008.

　　[36]谭利佳．台湾义务教育课程改革及其启示[J]．世界教育信息，2014(15).

　　[37]王策三．教学论稿[M]．北京：人民教育出版社，1985.

　　[38]王秀红．我国初中综合科学课程改革与发展的个案研究[D]．长春：东北师范大学博士学位论文，2007.

　　[39]夏征农，主编．辞海[M]．上海：上海辞书出版社，1999.

　　[40]向明，等．自然科学基础[M]．长春：吉林教育出版社，1987.

　　[41]香港课程发展协会．中学(科学科)课程纲要(中一至中三)[S].1998.

　　[42]谢娅，等．澳大利亚初中科学教材的特点[J]．物理教学探讨，2013，31(07).

　　[43]熊春华．澳大利亚中学科学教材 *Science Focus* 的分析研究[D]．武汉：华中师范大学硕士学位论文，2006.

　　[44]杨光．澳大利亚新《科学课程标准》中地理内容分析与启示[J]．中学地理教学参考，2012(11).

　　[45]杨文源，刘欣颜，刘恩山．美国《下一代科学教育标准》的出台

背景及其对科学教育的导向[J]. 当代教育科学，2015(21).

[46]杨玉厚. 中国课程变革研究[M]. 西安：陕西人民教育出版社，1993.

[47]余自强. 综合科学课程研究[M]. 杭州：浙江教育出版社，2011.

[48]袁运开，蔡铁权. 科学课程与教学论[M]. 杭州：浙江教育出版社，2003.

[49]中国大百科全书出版社编辑部. 中国大百科全书·教育[M]. 北京：中国大百科全书出版社，1985.

[50]钟启泉. 现代课程论[M]. 上海：上海教育出版社，2003.

[51]钟启泉，等. 为了中华人民共和国　为了每位学生的发展：《基础教育课程改革纲要（试行）》解读[M]. 上海：华东师范大学出版社，2001.

[52]邹逸. 科学教育中的科学主义与人文转向[J]. 全球教育展望，2018(5).

[53]中华人民共和国教育部. 义务教育科学课程标准（2022 年版）[S]. 北京：北京师范大学出版社，2022.

英文部分

[1] Dolmataz, M. S., Wong, H. K.. *Physical Science Teacher's Manual*[M]. Englewood Cliffs：Prentice-Hall，1976.

[2]George，T. O. Hearn. *A Review of New Science Curriculum Materitals*[Z]. Wisconsin Department of Public Instruction，1967.

[3] Lucas, A. M., Chisman, D. G.. A Review of British Science Curriculum Projects, Implications for Curriculum[J]. *Science Education Information Reports*，1973(2).

[4]Ministry of Education. *The Ontario Curriculum Grades* 1-8：*Science and Technology（revised）*[M]. Ontario，Canada：2007.

[5]Ministry of Education，Singapore. *Science Syllabus Lower Secondary Express/Normal （Academic）*[M]. 2007.

[6]National Research Council. *A Framework for K-12 Science Education: Practices, Crosscutting Concepts, and Core Ideas*[M]. Washington, D. C. : The National Academies Press, 2012.

[7]National Research Council. *Next Generation Science Standards: For States, By States*[M]. Washington, D. C. : The National Academies Press, 2013.

[8] National Science Council. *National Science Education Standards*. Washington D. C. : National Academy Press, 1996.

[9]Osborne, R. J. & Hennessy, S. (2003). *Literature Review in Science Education and the Role of ICT: Promise, Problems and Future Directions (NESTA Futurelab)*. Available online at: http//www. nestafuturelab. org/research/lit _ reviews. htm.

[10] School's Council Integrated Science Project. *Pattern-Teacher's Handbook*[M]. London: Longmans and Penguin Books, 1973.

[11]*Science in National Curriculum*[M]. London: Her Majesty's Stationery Office, 1989.

[12]Stigler, J. , Hiebert, J. . *The Teaching Gap: Why Our School are Failing and What We Can Learn from Japanese and Chinese Education*[M]. New York: Simon & Schuster, 1999.

[13]*Science Syllabus Lower and Upper Secondary Normal (Technical)*. Singapore, 2013.

[14]Victorian Curriculum and Assessment Authority. *Victorian Essential Learning Standards*[M]. 2008.

后　记

党的二十大报告创新性地提出教育、科技、人才"三位一体"的战略布局，第一次将科教兴国战略、人才强国战略、创新驱动发展战略统一部署，共同服务于创新型国家建设。科学课程标准是国家关于中小学科学课程建设与实施的纲领性指导文件，科学教材是贯彻落实国家课程要求的中小学科学课程内容的主要载体，对两者展开深入的研究能够帮助我们明确科学教育目标（为什么教）、科学教育内容（教什么）、科学教育方法策略（怎么样教）、科学教育评价（教得怎么样）等根本性问题及其实践路径，夯实中小学科学教育这一提升国家科技竞争力、培养创新人才、提高全民科学素养的基础工程。基于上述认识，本书广泛援引课标研制与教材开发的国际经验，立足国际视野、聚焦本土实践，较为系统地介绍和分析了国内外最新的主流科学课程标准与科学教材，行文所关注的以下几条原则既是作为研究者的自我鞭策，也是寄予未来科学教育事业的美好愿景。

1. 保持前沿敏感性

本书积极响应"做好科学教育加法"号召，以历史性的眼光系统分析了国家最新颁布的《义务教育科学课程标准（2022年版）》，并系统梳理科学课程方案与科学教材，解读我国科学课程改革与发展的重大趋势；展望国际课程标准研制与教材开发的最新进展，对美国、英国、澳大利亚、加拿大、新加坡颁布的科学课程、科学教育文件作系统对比，提炼国外课程标准与科学教材改革发展的新成果、新理念、新实践、新趋势。

2. 关注实践性价值

从理想的课程到学生体验到的课程，关键环节是教师理解的课程和真实运作的课程。本书带领科学教育工作者从科学教育文件中"理念的课程"，走向科学课程标准定义的课程目标、课程内容、学业质量、课程实施以及科学教材栏目所设计的"正式的课程"；结构紧凑地融入对课程标准制定者、教材编写者之理论视角的解读，辅以研究者视角下教师面对课程改革与实施"有何可为""何以可为"的审慎建议；系统地考察剖析美国、澳大利亚、新加坡国家科学教材的科学性，从"难度"与"专题"两个维度比较分析我国四版科学教材的特点，努力缩短"领悟的课程"与"理念的课程""运作的课程"之间的距离。

3. 凸显人本关怀取向

本书重点梳理国内外科学课程标准中课程理念、课程目标、课程内容、教学方法、评价模式等核心内容，有选择性地介绍不同教材所设置的栏目，截取其中有代表性的内容作为案例呈现，以文字和表格图示相结合的形式加强可读性，便于读者高效地获取信息；在内容编排上，紧扣学生学习的逻辑线索，在科学教材比较分析的章节中特别采用"实践活动—实验项目—科学本质内容"的框架，从学习者中心出发组织科学课程中的探究实践内容；立足本土实践介绍国际科学课程标准文件和科学教材的具体内容，便于读者中的一线教师群体根据学情筛选课程资源，优化教学设计，整合教学内容，发挥教师在课程改革与实践中的主动性。

4. 坚持研究性理念

教育部《关于加强新时代教育科学研究工作的意见》明确指出，要鼓励支持中小学教师增强科研意识，积极参与教育教学研究活动，不断深化对教育教学改革的规律性认识，探索适应新时代要求的教书育人有效方式和途径，推进素质教育发展。本书综合运用案例分析、文本分析、比较分析等多种研究方法，系统解读国际国内主流的科学课程标准文件与科学教材，为科学教育工作者提供了科学教育研究的蓝本；对课程标准与教材的解读，也为一线科学教师构建了一种反思教学实践的方法论，引导科学教师跟随书中所示的系统性和逻辑性思路框架开展教育实践研究，响应教育改革发展和学科建设需要。

本书编写过程中部分资料的收集与整理工作得到了相关博士与硕士研究生的帮助，在此一并表示诚挚的谢意！本书编写过程中，参考了大量的中外文著作、教材和研究论文，特此向相关作者致以衷心的感谢！本书出版得到了北京师范大学出版社的大力支持，在此也一并致谢！

限于编写水平，书中难免有疏漏之处，敬请读者谅解和批评指正。